Philosophieren mit Kindern in der Kita

你好，小哲学家！
——如何与幼儿一起做哲学

[德] 迈克尔·西格蒙德　著
（Michael Siegmund）

杨妍璐　译

中国轻工业出版社

图书在版编目（CIP）数据

你好，小哲学家！：如何与幼儿一起做哲学／（德）迈克尔·西格蒙德（Michael Siegmund）著；杨妍璐译．—北京：中国轻工业出版社，2020.10（2025.9重印）
ISBN 978-7-5184-3096-3

Ⅰ．①你⋯ Ⅱ．①迈⋯ ②杨⋯ Ⅲ．①儿童教育－教育哲学－研究 Ⅳ．①G61-02

中国版本图书馆CIP数据核字（2020）第137354号

版权声明

Title of the original German edition:
Philosophieren mit Kindern in der Kita
© 2020 Michael Siegmund
Illustrations by Alexandra Heberling-Hofmeister 2020
All rights reserved.

责任编辑：牟 聪　　责任终审：腾炎福
策划编辑：孔胜楠　　责任校对：刘志颖　　责任监印：吴维斌

出版发行：中国轻工业出版社（北京鲁谷东街5号，邮编：100040）
印　　刷：三河市鑫金马印装有限公司
经　　销：各地新华书店
版　　次：2025年9月第1版第3次印刷
开　　本：880×1230　1/32　印张：4.25
字　　数：50千字
书　　号：ISBN 978-7-5184-3096-3　　定价：36.00元
读者热线：010-65181109
发行电话：010-85119832　　010-85119912
网　　址：http://www.chlip.com.cn　　http://www.wqedu.com
电子信箱：1012305542@qq.com
版权所有　侵权必究
如发现图书残缺请拨打读者热线联系调换
251573Y1C103ZYW

译者序

"幼儿园的教育内容是全面的、启蒙性的",这是我国现行的《幼儿园教育指导纲要(试行)》中的一句话。或许,也正是这句话给了我从"象牙塔里的哲学"转向"幼儿园里的哲学"的勇气:去寻找更全面的哲学,从而获得一种新的"启蒙"。启蒙哲学是我博士研究工作的议题。正如"启蒙"在中文和西文中都与"光"有关,儿童哲学似乎就如同一盏烛火,照亮了我曾经暗淡无光的生命。在此,我特别想和大家谈谈我与儿童哲学的故事。

本书作者迈克尔·西格蒙德(Michael Siegmund)

比我年长几岁，他是儿童教育科班出身，是从儿童教育走向儿童哲学的。我跟他有些不一样，我是从哲学走向儿童教育的。2019年，在结束了长达10年的哲学研究生涯后，我毅然决定投身幼儿教育事业。这不仅因为我在6年前与儿童哲学结缘，也因为我越来越深刻地意识到这样一个问题，用法国哲学家卢梭的话来说便是："在生命中有这样一个时期，过了这个时期，人在前进的时候，同时也在倒退。"[1] 坦白地说，哲学教育滋养着我的生命，但学院里的哲学研究却让我一再陷入一种过于沉闷、过于刻板、甚至是与生活完全脱节的状态中。哲学当然不能给我们面包，但我至少希望自己的哲学研究是鲜活的，而不是僵死的。

雅斯贝尔斯曾经在《智慧之路》中谈到哲学研究的三种方式，我对此颇感赞同。他认为，哲学研究有三种形式：一是在每天的内在行为中的实际研究，这包含日常生活的哲学体悟；二是对世界整体的研究，对各门学科的研究，科学、艺术、社会等包罗万象的大全都应当纳入哲学的考察中；三是对具体哲学内容的研究，对哲学历史的研究。[2] 在很长一段时间

---

[1] 卢梭. 爱弥儿［M］. 李平沤，译. 北京：商务印书馆，2013：183.
[2] 雅斯贝尔斯. 智慧之路［M］. 柯锦华，范进，译. 北京：中国国际广播出版社，1988：94.

内，我感觉自己做哲学的方式过于单一，仅仅是在雅斯贝尔斯所谓的第三种研究形式中打转。直到我与儿童哲学相遇，直到我来到了幼儿园，鲜活的生存经验召唤着我重新发现哲学研究的魅力。从"一片落叶是否有生命"到"先有鸡还是先有蛋"，从"太阳明天是否还会依旧升起"到"为什么人的手有五个手指"，从"我们为什么要有朋友"到"为什么小孩要听大人的话"……我无时无刻不被孩子们的好奇心所打动与震撼。在幼儿园里，我感受到了活生生的哲学，可以追问一切的哲学，我感到哲学回到了它的童年。正如古希腊哲学家亚里士多德曾经在《形而上学》中说的："不论现在，还是最初，人都是由于好奇而开始哲学思考，开始是对身边所不懂的东西感到奇怪，继而逐步前进，而对更重大的事情发生疑问，例如关于月相的变化，关于太阳和星辰的变化，以及万物的生成。"[1]

有感于这种活生生的哲学，我开启了一个叫"启蒙"的事业。需要说明的是，谈及"启蒙"，我绝非以一种高高在上的口吻。启蒙是一项未竟的事业，任何对于启蒙及其悖论有所洞察的人都不会轻易地好为人师。当我把儿童哲学带到幼儿园时，深受启蒙恩典的，首先不是我们的孩子，而是我们这些大

---

[1] 苗力田. 亚里士多德全集（第7卷）[M]. 北京：中国人民大学出版社，1993：31.

人。儿童哲学不是让孩子学哲学,而是让成人反思自己的思维,反思自己与孩子打交道的方式。在日复一日与孩子就某些有趣的大问题进行对话与游戏的过程中,我们不再认为孩子是无知的,或者孩子需要我们去给予他们所缺乏的东西。正如瑞士儿童心理学家皮亚杰之伟大就在于,当所有人都在研究孩子缺乏什么、较之于成人的不足之处时,他却把注意的中心放在了孩子有什么的问题上。我相信,任何一个愿意实践儿童哲学理念的成人,如果没有皮亚杰这般的决心,那么这本书对他来说,可能仅仅是一个指导手册。作为译者,我由衷地希望读者把这本书当成"启蒙"读物,一本让我们在儿童的带领下重新开始关心世界的《孤独星球旅行指南》(*Lonley Planet*)[1]。

不过,对于幼儿教师和家长来说,要在幼儿园或家庭中实践儿童哲学,一本秉承"三入"(入眼、入脑、入手)原则的实战手册无疑是必要的。相较于之前的儿童哲学指导读物,本书最大的特点就是它的针对性、真实性和实操性。首先,它是针对幼儿的,这并不是说这里的主题、游戏和故事不能用于小学甚至是更高年级的儿童哲学活动,而是说作者更聚焦于幼儿园以及幼儿的生活情境,这里提及的策略与建议来自作者多年

---

[1] 全球最具权威性的旅游指南手册,被称为背包客的"圣经"。

与幼儿的互动经验。其次，本书中涉及的作者与孩子们的对话、一日生活中发生的故事都是真实的，这使得哲学探究不仅仅局限在国内当下流行的儿童哲学课程——绘本课、谈话活动中，而是融入了儿童完整的生活世界——沙坑旁、堆满乐高玩具的建构区、河边等动态且互动的环境中，你可以随时随地与孩子进行智性的探究。最后，也是最为难能可贵的是，作者意识到了"身体经验"对于哲学探究的重要性，为我们提供了实操的游戏策略，方便教师与家长上手。正如卢梭在《爱弥儿》中所言："我们最初的哲学老师是我们的脚、我们的手和我们的眼睛。"[1] 与幼儿一起做哲学应当避免久坐，应该尝试用多种途径调动他们的五官，通过绘画、戏剧、游戏等多元的形式来做哲学，才能多角度地展现儿童的精神世界，这应当被视为幼儿园儿童哲学的要义。

本书之所以能够漂洋过海来到中文世界，得益于"万千教育"编辑部对儿童哲学的重视与支持，在此表示真挚感谢。这是我第二次与"万千教育"合作，去年出版的《小哲学家的大问题——和孩子一起做哲学》收获了不少老师与家长的好评，这让我感到万分欣慰，希望这本书能够再接再厉。同样需要感

---

[1] 卢梭. 爱弥儿[M]. 李平沤, 译. 北京：商务印书馆，2013：166.

谢的，还有作者迈克尔·西格蒙德，他在我翻译的过程中给予了热情的帮助。此外，本译著是我正在主持的 2020 年度教育部人文社会科学研究青年基金项目"师幼互动中的成人与儿童思维交织与融合机制研究——基于儿童哲学的视角"（项目批准号：20YJC880114）的成果之一。

最后，请允许我用德国诗人荷尔德林小诗《闲情逸致》中的一个片段来结束我的序言，愿我们能在哲学的甜蜜游戏中收获童年的果实，将之珍藏，让童年的气息弥漫到整个生命中去：

> 我站在宁静的草地上，
> 好像一棵可爱的榆树，
> 也好像挂在藤架上的葡萄，
> 生命的甜蜜游戏
> 围绕在我身旁。[1]

是为序。

杨妍璐

2020 年 6 月于杭州

---

[1] 荷尔德林. 当我还是少年时［M］. 赵静, 译. 北京：光明日报出版社, 2013：58.

致中国读者

作为作者,这本书实现了我多年以来的心愿。

十多年来,我一直在幼儿园和小学与儿童一起做哲学。我希望通过本书把过去积累的经验分享给大家。然而,我不曾想过,这本书竟然能够来到中国。2020年春,"万千教育"编辑部的编辑和浙江师范大学杭州幼儿师范学院的杨妍璐博士联系到了我,她们表示此书对幼儿园儿童哲学的实践意义非凡,并希望推动该书的中文翻译工作。在此,我必须感谢她们的帮助,使得这本书能够进入中文世界。

我希望这本书不仅可以在德语世界传播,也能够惠及在中文世界中想要与幼儿一起做哲学的朋友们。中国的历史与文化源远流长，令我充满敬意。中国产生了许多重要的思想家和哲学家。在过去的几十年间，中国取得了令人瞩目的发展，日益紧密的国际交流也为知识和思想的传播提供了机会。我从中国思想家那里学到了很多东西。因此，能够在中国出版我的作品，我感到十分荣幸。

无论是在德国、中国还是在这个美丽的星球上的任何一个国家，孩子都是一样的：他们感到惊异，产生好奇，开始怀疑，提出问题，想要发现世界。毋庸置疑，我们成人可以在这种好奇心和探索欲中为他们提供支持。幼儿园是与儿童一起做哲学的绝佳之地。为什么呢？这本书会告诉你其中的奥秘。

最后，我诚挚邀请你来发现儿童身上的哲学家气质。在与你的孩子一起做哲学的奇妙旅程中，我希望你始终保持好奇！

迈克尔·西格蒙德
2020年5月于德国坦格尔明德

目 录

导　言　万事开头易！　/1

第一部分　前提与建议　/7

　　反问与发问　/9

　　一切事关态度问题　/11

　　倾听的技艺　/12

　　做哲学的时间与空间　/13

　　单独还是小组？　/16

　　人与人之间的好感　/19

　　氛围　/21

　　年龄　/21

第二部分　方法与路径　/25

　　哲学之旅　/26

　　头盔/王冠策略　/28

　　图片与照片　/33

　　经典的谈话圈　/36

　　一分钟哲学进行时　/36

　　幻想与梦想　/37

　　故事阅读与提问　/37

第三部分　主题与观点　/39

　　什么是有价值的？　/40

　　幼儿园里的"国王"　/43

　　大人与小孩　/45

　　如果我是一只小鸟……　/49

　　恐龙　/51

　　友谊　/53

　　交通工具　/55

　　我感觉棒极了！　/58

　　好与坏　/59

家是什么？ /62

起初…… /64

我和你 /65

人们可以吃大象吗？ /69

恐惧与烦恼 /73

世界从哪里来？ /75

积木世界 /76

插座游戏 /79

死了之后会怎样？ /82

我想按照我喜欢的样子画世界 /84

关于爱 /87

第四部分　用故事来做哲学 /91

小海狸比伯 /92

捡到一个钱包 /95

小偷 /97

龙兄弟 /100

秘密 /101

小白兔 /104

像小鸟一样自由 /107

会说话的树 /108

一切只是一场梦？ /111

钞票 /113

新来的孩子 /115

重要的日子 /117

夏日 /118

结　语 /121

导言　万事开头易！

儿童哲学正在变得越来越受欢迎。几十年前，在德国谈论儿童哲学的人还是寥寥无几的。（当然，孩子和成人总是在共同思考。例如，每当孩子问诸如"我为什么在这里？"或"世界从哪里来？"之类的问题时。）与此同时，越来越多的成人试图通过各种方式与孩子一起做哲学，以便能够更好地了解孩子在想什么。人们可以随时随地进行哲学探究：父母可以在家中与孩子一起思考"我来自哪里？"，学校也可以为哲学探究团体提供一个舞台，例如，在道德或其他课程中。不过，我深信不疑的是，除此之外，幼儿园同样是做儿童哲学的绝佳之地。为什么呢？

对于学龄前儿童来说，他们总是在打量世界的过程中提出自己的问题。幼儿园的孩子每天都在对世界进行探究。对他们来说，许多东西都是新奇和未知的。他们每天都在更进一步地发现这个世界的不同面向。幼儿园的老师们可以在这种对世界的澄明过程中支持儿童。幼儿园的伟大在于，它可以为儿童的探索之旅提供空间。为了促进孩子的健全发展，幼儿园老师应当尽可能地为孩子们提供探索世界的机会。

幼儿园适合做儿童哲学的另外一个原因是，孩子和大人总是在一起。孩子在幼儿园不是孤零零的，他的周围总有许多其他的孩子和大人。孩子们不断地互相交换想法、谈话、思考、学习，并结识彼此。在幼儿园中，人的多元性是我们可以积极

利用的宝贵财富。

孩子们还可以在幼儿园了解自己的意愿。他们可以选择支持或者反对,以此发展他们的自我决定能力。他们很快就会意识到,自己不能总是以牺牲其他孩子的利益为代价来行动。这可能始于玩具车被抢走事件,终结于与其他孩子建立起友谊。

在这本书中,我将表明,幼儿园的儿童哲学将同上述的情况融合在一起:哲学探究凝聚了对世界的探索、共同的对话、反思以及自我决定能力。

这就引出了一个问题:到底什么是儿童哲学?

在此,我不想提供一个定义,我只想告诉你们人们是如何看待儿童哲学的:

> 与儿童一起做哲学是一种思考与对话的过程,它是开放且动态的。在这之中,每个人的可能性都得到了扩展。

开放意味着没有确定的结果。哲学探究并不意味着传递知识。

动态意味着在进行哲学探究时,人们的思维必须敏捷并且保持灵活。

可能性的扩展意味着哲学有助于我们发展许多能力（同理心、认知能力、做判断的决心、修辞、自我感知等）。

因此，我在此使用的哲学探究概念是从广义的方面出发的。哲学探究是日常的，它能够使得儿童和成人获得乐趣。哲学探究是实践的，与象牙塔里的哲学（通常显得有些枯燥）无关。它不是哲学史的传递，而是人们在一起思考和谈论世界。

儿童哲学不是课程，不是教条，而是站在孩子们的角度共同反思和对话。

孩子们非常适合进行哲学思考。原因有很多：他们对一切可能的事情都感到惊讶，并且充满好奇，比如，地板上最细微的绒毛可能都会令他们兴奋不已。对孩子们来说，世界是偌大的冒险乐园，有太多东西等待着他们去发现、追问和理解。成

人可以支持孩子的这种好奇与爱提问的精神。在此，哲学探究是一种可能的工具。

此外，孩子通常会比成人产生更多的怀疑：真的是这样吗？确定吗？在这里，成人当然可以利用孩子们的疑惑，进而共同开启哲学探究之旅。

我希望，上述的一些想法能为这本书的主题做一个简单的介绍。这本书首先是为这些老师而写的，他们想在幼儿园中与孩子们进行哲学探究，但不知道该如何操作以及该注意什么。对我而言，这本书最重要的地方是，老师们读起来会认为，它是用户友好型以及实践导向型的。我希望你能够尽可能地"随时携带"这本书。该书旨在为你作为教师的工作提供实用帮助。

本书分为四个部分，每一部分都可以独立阅读。

第一部分围绕这些问题展开：在幼儿园与儿童进行哲学探究有什么特别之处？有哪些需要注意的地方？

第二部分介绍了在幼儿园与幼儿进行哲学探究的方法与路径以及在组织探究活动时需要特别注意的问题。

在第三部分中，你会发现许多主题。在这些主题上，我们可以以游戏的方式与孩子们进行哲学探究。每个主题涵盖了哲学问题、建议和策略。

第四部分收集了一些可以和幼儿一起读的小故事。部分故事与第二部分的主题有重叠。这些故事能够有效地帮助我们开启哲学探究。

同样，对我来说重要的是，这本书首先对你来说是实用的。它像一个哲学超市，并非每个主题都适用于你和你的孩子们，你只需挑选出自己喜欢的东西，然后试着让你心满意足即可。当然，你也可以在幼儿园之外使用书中的主题和故事。

关于"儿童哲学"的主题，我是在当年学习"应用儿童学"时偶遇的。在过去的几年间，我一直在幼儿园和小学与儿童一起做哲学，从中积累了一些自己发明的游戏、尝试过的主题和策略、讲述过的故事，它们都将激发和支持孩子们进行哲学探究。我与不同年龄的儿童和青少年做过哲学。有时是许多孩子的大团体，有时是几个孩子的小团体。我们曾激烈和深入地探讨过"我为什么在这里？"，也曾就香蕉的弯曲度或大象的鼻子进行过非常有趣的"哲学遐想"。深刻与轻松、有趣与严肃在哲学探究中同时并存。为此，我想把我十余年的学习与实践经验分享给大家。

不存在一种与孩子一起做哲学的"正确道路"。更确切地说，你必须找到自己的道路。在本书中，你将得到建议和帮助，它们会让哲学探究变得更为容易。

我希望鼓励你和孩子一起做哲学。与孩子一起做哲学，是有趣和简单的，并且能够在许多方面支持孩子的成长。孩子们的无限潜能将在共同的思考中得以释放。最后，若你能阅读此书并进行尝试，我将感到万分荣幸与喜悦！

第一部分
前提与建议

幼儿园的儿童哲学？那有可能吗？你能想到什么？

我有过这样的体会：很多成人第一次听说"幼儿园的儿童哲学"会感到既好奇又怀疑。一方面，很小的孩子就能进行哲学思考，这个想法是多么令人兴奋。另一方面，人们会产生一定程度的怀疑：如此小的孩子真的能像小学生、青少年或是成人那样的"大孩子"一样进行哲学思考吗？我会回答：也对，也不对。

幼儿园年龄的孩子刚开始认识世界。他们当然还没有成人那么多的经验。幼儿正处于他们生命的开端。他们不知道的还有很多，仍然需要训练的还有很多。但是，幼儿园的孩子会日复一日地提出问题，并探索他们的周遭世界。他们想要探索世界。孩子们拥有属于自己的生活世界。孩子们从一开始就对世界产生怀疑并感到惊奇。他们的好奇心比大多数成人要多好几百倍。这是一起做哲学的基石。就这点而言，幼儿总是带着求知和探索的渴望，带着他们无尽的好奇与对新事物的喜悦，与大多数早已对世界感到无聊和习以为常的成人相比，他们可能是"更好"的哲学家。在幼儿园和孩子一起做哲学并不是要告诉孩子尼采或苏格拉底是谁。它关乎的是成人如何把目光投向那些提出问题、产生质疑和惊奇的孩子，并与他们讨论关于世界本原的事情。就像下面这个简单的例子。

反问与发问

一个 5 岁的男孩问你太阳为什么这么亮,你现在可以一板一眼地回答:"就是这样的……",或者以适宜幼儿的方式兴致勃勃地解释太阳光与能量之间的物理关系。

不过,更简单且更有效的则是,你直接反问"为什么"。你可以这样问:"你是怎么想的?太阳为什么这么亮呀?你觉得是什么原因呢?"或者问:"要是太阳不亮了,这个世界会怎么样?人们那时的感觉会怎么样?"再或者:"为了我们的幸福,我们需要太阳吗?"还可以问:"如果我们要幸福,那我们

还需要其他什么东西吗？"

倘若你反问并进一步提出问题，那么你很可能会得到最为原始的答案。这些答案中的一些可能是相当天马行空的，而另一些则可能具有深刻的哲学性。孩子们喜欢思考游戏，因为他们总会出于困惑而提出许多问题。最初的问题有时可能过了没几分钟就成了令人兴奋的哲学冒险。反问的原则不仅限于阳光和幸福，还包括每个可能的领域。显然，它们并不一定是诸如"世界是如何产生的？"或"我为什么来到世界上？"之类的哲学问题，很可能只是普通的日常问题。作为成人，至关重要的一点是，如果你认为孩子的问题可能会生发出有趣的对话，那么你可以随时对他们的问题进行反问。

当然，你也可以随时提出问题，问他们"我是谁""大人还是孩子在生活中享有更多的乐趣""幸福或爱情是什么""为什么我们早上醒来""太空中是否有生命"等。许多问题具有走向哲学思考的倾向。正如我在前面说的，问题一开始并不一定是显而易见的哲学问题，但有时候，即便最日常的问题都可能带领我们进入哲学探究。这仅取决于你对孩子的提问与思考的开放程度。你的态度至关重要。

一切事关态度问题

在太阳光的例子中,我们或许能听到各种各样的回应:"不要问那么愚蠢的问题!""这我也不知道!""请你换一个问题。"……或者大人把身子转了过来。你对孩子的态度决定了你们是否能成功地开启哲学探究。如果你不关心孩子的生活、问题和关切,你将永远无法与他进行有趣的哲学对话。鉴于你已经在阅读这本书了,这表明你在思考并乐于接受新事物。这种开放性是极好的且很重要!"态度"的确切含义是:如果你以开放和清醒的目光注视幼儿的一日生活,并准备好回应他们的问题,那么哲学讨论可以随时随地展开。如果你始终牢记以下问题:"我可以根据当下的情况或幼儿的问题发展出哲学对话吗?",那么你会始终对幼儿的问题保持敏感,更好地把握每一个生发哲学探究的契机。我们可以设想一下,比如,当一个孩子看着沙坑中的每一颗沙砾、池塘中的青蛙或小昆虫,在这种情况下,你可以问:例如,我们人类是"大"还是"小"呢?人从什么时候真正"长大了"?究竟什么是"大"呢?这些问题都有可能成为进行哲学思考的良好开端。在"在场"的意义上,一切仅仅取决于你的态度。

"在场"不仅意味着身体的在场，还有精神的在场。如果你总是双臂交叉，在对话中不注视孩子，甚至在玩手机，那么你就已经用肢体语言表明自己对此不感兴趣。最好是在进行哲学思考时直接看着孩子，对孩子采取开放的身体姿势，并通过微笑和微微点头来鼓励他。

当你转向孩子时，你会意识到对话需要保持开放，且最重要的是，要有耐心。

倾听的技艺

成人之间的互相倾听已经是很难的事情，倘若要让成人再倾听孩子——真正地倾听，那岂不是难上加难？这就是为什么我在此要表明倾听乃是一种技艺。并非每个人都掌握了这种技艺，但它是能够习得的。

在幼儿园的儿童哲学中，提出特定的（哲学）问题很关键，但更为重要的是，你总是面向幼儿并真正地倾听他们。因此，我们需要让他们把话说完，为他们的思考和停顿留出空间。孩子会立即且本能地感觉到你是不是一个好的听众。他们将根据自己的判断决定是否要向你敞开心扉。在倾听时，为哲学对话留出足够的时间也很重要。

做哲学的时间与空间

在幼儿园的一日生活中,儿童与成人并不总能进行哲学对话。在高结构化的一日生活中,进餐时间或午睡时间往往是固定的。但是,作为教育者,我们还是能够找到做儿童哲学的时间和机会的。尽管做哲学在原则上总是无处不在,但在实践中仍然存在一些保障其顺利进行的原则:

- 应满足儿童的基本需求。幼儿只有在不累、肚子不饿、不口渴的情况下才能以最佳的状态进行自由思考。
- 幼儿应该始终感到自在。如果他们对某些东西感到害怕,那么此时进行哲学活动是不合适的。只有在注意力集中、平静和安宁的氛围中,幼儿的思考才能富有成效。
- 做哲学的时间可以是固定的,也可以是突然发生的。设想一下,你想和孩子们去散步,于是在更衣室里给一位小女孩穿衣服。这时,你们与贫穷或者幸福的哲学话题偶然相遇。如果你敞开心扉并且能够倾听,那么也许你可以一边帮这位小女孩穿衣服,一边引导一次仅1分钟的自发性哲学对话。这取决于你对做哲学的意愿和决心。

如果你可以在幼儿的一日生活中安排固定时间的哲学活动,那将是最佳选择。这将给你留出足够的时间和空间来进行准备。在这种情况下,哲学对话和思考能够以最好的方式展开。具体安排哪一段时间来做哲学比较合适,你可以就此与同事进行商量和讨论。

选择每周或每天进行哲学活动都是非常理想的。在此,适用这样的原则,即"多多益善"。如果你每周安排一两个小时进行哲学活动,那么比每天10分钟更有效。所有这些你都可以与同事协调。在哲学探究上,不存在固定的标准来决定时间的长短。有时候,我和一个孩子连续讨论了2小时。也有时候,即使是在人数更多的团体中,哲学对话进行得却没有那么顺利,只能持续15分钟。我们所面对的孩子每次都是不同的,就像我们自己也是在不断变化的。但无论如何,准备好有趣的主题和问题并预留充足的时间,这肯定是儿童哲学活动能够顺利进行的先决条件。

选择什么样的地方来做儿童哲学,同样不存在所谓的

"对"与"错"。你只需要保证这些地方是：

- 安静的（紧邻操场或繁忙的街道将不利于哲学思考）；
- 令人放松和感到兴奋的（一个临湖、能看到树木或美丽建筑物的地方）；
- 提供座位或躺卧选择（亭子、长凳、足够数量的椅子，最好是可以围坐成半圆形、带有坐垫和毛毯的舒适房间，易于互相交谈）。

我的经验表明，室外的环境——野外徒步、环湖游览或者在幼儿园室外的某个令人惬意的小角落，更有助于开展儿童哲学活动。我们选择的场地首先应该让幼儿感到安全可靠，并且应该包含尽可能少的干扰性因素（比如，有噪声的建筑工地、周围有孩子在开着童车欢闹嬉戏等）。

当然，在幼儿园室内进行儿童哲学活动也是不错的。有坐垫的地板是特别适宜幼儿思考的地方，因为孩子们可以在这里放松地躺下来。（显然，躺着的姿势可以推动哲学思考。你可能还记得古希腊人在进行哲学思考时也偏爱舒适、放松的姿势。）

因此，在儿童哲学活动的时空安排上，根本没有"完美方案"可言。时空安排需要你自行创造，你只需要在幼儿园里看看哪些地方和时间最适合你的孩子（当然也最适合你自己）。还有一个重要的问题需要我们考虑：参与哲学探究的人数多少为宜。

单独还是小组？

不管是和一个孩子还是与一组孩子进行哲学探究都有其优点和缺点。与孩子进行一对一的哲学对话会非常富有成效。当你一直面对着一个孩子的时候，你的注意力可以始终集中在他身上。专注当然是令人鼓舞的，但有时却也可能是负担。彼此之间越有好感越好。近年来，我单独和孩子进行过极为精彩的哲学对话。我认为，在一对一的讨论中，哲学探究的内容将变得更为个人化。孩子会将自己的生活与问题或话题联系起来。这样一来，你就能对孩子的生活世界以及他的所思所想有更为深入的了解。在这些对话中，你可以提出非常私人的问题。在你与一个孩子独处的时候，孩子不会感受到来自同伴的社会压力。

"社会压力"是什么意思？例如，让我们以恐惧这个话题

为例。每当我问小组中的孩子们他们是否害怕某事时,他们都会否认(特别是小组中的男孩似乎不愿意承认自己也会感到害怕)。

但是,在一对一的讨论中,情况看起来大不相同。大多数孩子很快就会承认他们也有恐惧。(作为开场白,或许你也可以说出自己的恐惧,例如恐高、怕蜘蛛和老鼠等。这种做法在大多数情况下至少可以打破僵局。)

如果你想就恐惧的话题进行哲学探究("为什么会有恐惧?""恐惧有什么好处?""恐惧有什么坏处?""存在没有恐惧的生命吗?"……),那么一对一的对话特别适合,因为不存在同伴压力,孩子们不会感到丢脸。

当然，小组讨论也有很大的优势，即孩子不会把自己封闭在"哲学的舒适圈"中，而是同时能够与许多其他观点、意见和想法进行碰撞。

设想一下，你想就盗窃的话题进行哲学探究活动。"我可以偷东西吗？是或否？在什么情况下呢？"如果你与一群孩子展开对话，很可能会产生不同的意见。一边认为，盗窃绝对是不正当的（"人们绝不应该偷东西！绝不！"）；另一边认为，盗窃在某种特定的情况下是可以被允许的（"如果有人快要渴死了，他可以偷瓶装水……"）。由此将引发出极好的哲学对话。哲学探究是不同观点和思想之间富有成效的争论。孩子们不仅认识到他们的观点不一定是唯一正确和可能的，而且了解到在不同情况下对同一对象的看法和观点也是不尽相同的。团体探究将有助于发展集体内部的活力。在开始时，你可能需要给予他们一个推动力（一个哲学问题或是一种想法），而在小组讨论的过程中，思维运动的方向是不可预测的。孩子们可以彼此交谈很长时间，在此期间，你无须加以评论或提出其他问题。这同样取决于你的态度。

关于小组人数的多少，并没有最佳值。两个孩子还是10个或15个孩子都是可行的。五六个孩子的小团体给我的感觉最好。这种小组人数的优势是，存在不同的观点和想法（远远超过两个孩子的时候），并且话语权的分配也比较合理。在大约有 15 个孩子的大组中，并非所有孩子都有机会说话。这并不构成什么问题，如果所有孩子对别人说出的想法或多或少感到有趣。几乎每一个人数较多的小组中总有几个爱发言的孩子，他们占据了说话时间。倘若他们的想法是令人兴奋的，那当然不能算作什么大问题。

有时，在人数多的小组中，我们首要关注的应该是阻碍做哲学的交际冲突，因为其中涉及……

人与人之间的好感

并非所有人都让人有好感，这算是老掉牙但却是重要的观察总结之一。（顺便说一句，这也是一个极好的哲学话题，不是吗？）成人之间对待彼此的方式未必总是友善的，同样，在幼儿园，孩子们之间相处的方式也并不都是友好的。如果一个孩子对另一个孩子有好感，那么他们很快就能成为朋友。

我曾在探究团体中注意到，最有成效的对话总是在互有好感的小组成员中进行的。换句话说，如果一个孩子讨厌另一个孩子，他就没有办法在不带偏见的前提下进行哲学思考。作为一名教育者，你可以考虑这样做：干脆把互相认识且互相有好感的幼儿组成小组。

当然，你也可以以非常不同的方式影响孩子。当你越敞开心扉、越友好和投入的时候，孩子当然也会越喜欢你。如果一个同事既对孩子不理不睬，又对孩子大声责骂，他不仅将失去工作，也将无法赢得孩子的好感。不过，有时候，即便你已经如此友好和坦率地与孩子打交道，他们还是会出于不同的理由对你缺乏好感。或许是因为你看起来像一位令他害怕的亲戚。规则仍然存在：你对孩子投入得越多，孩子就越有可能成为你的粉丝。对此，尤为重要的是氛围。

氛围

我想说的是让人感觉良好的氛围。氛围与态度直接相关。如果你给孩子们的感觉是他们的思考是举足轻重的,那么你已经为这种感觉良好的氛围奠定了基石。如果你找的地方是安静且引人入胜的,那么从空间的角度来看,这有助于制造好的氛围。总体而言,它是进行团体探究的最有利的条件。

好氛围的核心在于,这种氛围能够给予孩子这样的感觉:我可以说出一切我想到的东西。一旦孩子觉察到在你面前可以把所想到的都说出来,就会极大地促进哲学探究的广度。要让孩子产生这样的感觉,往往需要好感、信任与时间。

年龄

孩子究竟从几岁开始可以做哲学?你可能还记得这句话:

"与儿童一起做哲学是一种思考与对话的过程,它是开放且动态的。在这之中,每个人的可能性都得到了扩展。"

我在此主张的是对"做哲学"的相当广义的理解,我想明确地说,对于"做哲学"而言,并不存在最低年龄的"下限"。

最大的限制莫过于对思想的表达能力。3岁的孩子可能会像6岁或16岁的孩子一样惊叹于大海的一望无垠，但是，他还不能像他们一样表达自己。当代的神经科学研究可以帮助我们了解儿童的学习过程。我认为，将固定年龄定为做哲学（从广义上理解）的下限是荒谬的。就像下面这个例子。

两个五六岁大的小女孩和我就月亮进行哲学探究。"如果月亮上有一个女孩可以观察到我们人类，那么她会怎么想？我们生活得好不好？"此时，我们正看着挂在天边的明月。一个3岁大的男孩在我们旁边，他听我们说话听得很入迷，也一直在看月亮。

在这种情况下，我无法确切地说出男孩在想什么，或没在想什么。但是，显然他参与了我们的哲学对话。尽管他只是作为消极的"倾听者"，但或许他也对月亮本身，或是那个能够观察到人类的"月亮女孩"感到好奇。他可能还对以前认为是理所当然的事情产生了疑问。很有可能他在某种程度上对我们的对话感到吃惊，感到震惊，或者被逗乐……所以，如果我不能排除这个3岁男孩是这场开放且动态的思考与对话过程的一部分，那么我也不能排除他以自己的方式在做哲学。

孩子年龄越大，与他们沟通起来越好。随着时间的流逝，他们可以更好地表达自己并训练他们的思考能力。但是，即使是很小的孩子也可以参与哲学的小组讨论。这种参与（即使只是被动的倾听或是观看）能够锻炼到他们不同的技能并扩展他们的可能性。大家一起做哲学的景象本身就是令人兴奋的：人们走到一起，就"我是怎么来到世界上的"交流想法，这种画面本身就已经描述了一个激动人心的故事。

但是，在实践过程中，这不意味着你可以像对待一组五六岁的孩子一样对待一组4岁的孩子。作为一名教育者，你一定知道，有些孩子在几个月甚至几周内就能取得巨大的发展与飞跃。相较于年龄较小的孩子，与已经有相当大进步的孩子（5—6岁）进行哲学探究的效果总是更好的。

接下来，我还将向你展示与孩子一起做哲学的方法。不存在任何一劳永逸的方式（你必须找到自己的道路、方法与风格），有的只是一些建议，这些建议可以使你在幼儿园里做哲学变得更容易。

第二部分
方法与路径

哲学探究没有所谓的捷径可言，但我可以分享给大家许多好主意、建议和窍门。我曾尝试过各种不同的方法，发现了一些适宜与幼儿一起做哲学的门道。或许，你也已经对此深有体会，思考过许多我在此没有提及的问题。如果你愿意与我分享经验，那真是再好不过了。

哲学之旅

虽然幼儿园向年幼的孩子们展现了世界的某个片段，但孩子们对于世界的探索更多的还是在幼儿园以外的地方，比如家、超市、门前的街道、跑马场、公园、森林等。在这些地方，孩子们慢慢地对这个世界的其他部分有了认识。在这些不同的地方，孩子们期待着不同的冒险和体验。到处都是推动他们思考的契机，以此使得他们更好地认识世界。作为一名教育者，你可以找到让儿童感兴趣的地方，那些虽然你去过很多遍，但依旧每次去都有意外发现的"新"地方。

例如，你可能已经走过池塘边数百次。然而，在哲学之旅中，这个池塘可能是你与孩子探索世界的第一站。这次旅行将使池塘成为你们重新打量世界的地方。从最小的昆虫、水生动物到石头或植物，这里有太多东西等待着你们去发现。在"池塘"这一站,你可以有意识地提出哲学问题来激发孩子思考:"最有价值的东西是什么?石头、植物还是动物?到底有没有最有价值的东西呢?水甲虫整天在干什么?它会感到无聊吗?鱼儿在水中快乐吗?"

你们的探究可以在下一站继续推进:沙坑。你或许可以布置任务:"给我看看你能找到的最小的沙砾!"然后,当孩子们来向你"展示"沙砾时(有时他们手中没有任何东西),你可以让孩子们讨论一下他们能想象到的最小的东西。"如果人们将一小粒沙砾分为两半,然后再将其中的一半分为两半,然后再分为两半,如果一直这样分下去,会发生什么?世界上最小的微粒是什么?有这么小的微粒吗?人们真的不能把它再分了吗?"你可以在"沙坑"这站问类似的哲学问题。

你所在的幼儿园（或附近地区）可能会有动物。你也可以就此提出一些与伦理相关的问题。哲学之旅充满着各种可能性，我们可以在不同的地方设计应景的问题。这样，孩子们就可以对陌生的地方有新的认识，对已经熟悉的地方进行重新再发现，以至每次来到老地方还如初次来时一样兴奋。

头盔 / 王冠策略

在哲学之旅的路上，这是我最想要分享给你的活动策略之一。你绝对应该尝试下头盔策略！它能使哲学探究变得更容易。

你只需要准备一个孩子们喜爱的道具，用于佩戴在头上。维京人头盔曾给我带来过非同寻常的体验，但是你也可以买王冠。与大多数男孩一概拒绝的公主王冠不同，维京人头盔的最大优点是，男孩和女孩都喜欢佩戴。维京人头盔和王冠的另一个优点就是便宜（只需几欧元），可以在网上买到。我使用的维京人头盔是用塑料制成的，从孩子们的头上掉下来数百次后仍然完好无损。

那么，我们如何使用头盔呢？举个例子，如果你与 10 个孩子一起讨论一个哲学主题（例如，"我需要什么才能快乐？"），那么孩子们很可能会七嘴八舌地聊起来。有很多方法可以让孩子们一个接一个地来回应这个话题。"头盔策略"是一种很好的、经过实践检验的方法。只需让头盔轮流移动，每个戴着头盔的孩子都会有发言时间来谈快乐的生活需要什么。

"头盔策略"用于单独的哲学讨论中是最为成功的。通常，当一个孩子和我坐在长凳上开始思考"我是怎么来到世界上的"时，那个孩子就戴上了维京人头盔。大多数时候，孩子们都想要戴头盔。几乎每次我一脚刚踏进幼儿园，孩子们就向我奔来，然后问："你拿头盔了吗？"

在使用维京人头盔的时候，我还发现了一个与特别害羞的孩子进行哲学交流的办法。害羞的孩子往往需要一把钥匙来打

开他们的心门，维京人头盔便是这把钥匙，可以自然而然地开启他们的言说。

不论是对于害羞的孩子还是不害羞的孩子，我都会像在"哲学访谈"中一样使用头盔。具体怎么操作呢？

首先，我把头盔戴在孩子头上。

"我现在加冕你！"然后我问："你想叫什么？你想当什么？你想当王子/公主吗？还是公爵、女王、一个骑士？"

然后女孩回答道："我想当公主！"

我问："哪位公主？什么名字？"

女孩回答道："公主莉莉菲一世！"

男孩们会说想当"库尼伯特骑士""马克斯三世亲王""蜘蛛侠二世亲王"等。

在过去的几年中，我对这些小公爵、小骑士、小公主、仙女和女王们进行了上百次的采访。

孩子们的这种自我命名不仅有趣，而且对共同的哲学探究也非常有益：通过扮演国王或公主之类的角色，孩子们更加自信。头盔有助于增强他们的自信。从我的经验来看，维京人头盔对儿童真的很有帮助，它让孩子们说出没有戴头盔就不会说的话。头盔鼓励他们。这就是为什么我称头盔为鼓励哲学探究的工具。它让孩子们充满力量，尤其对于那些害羞的孩子。

当然，做哲学时，你也可以不戴头盔或王冠。孩子不必总戴着头盔来表达有趣的想法。但是，对于许多孩子来说，头盔或王冠支持着他们勇于表达。

当孩子戴上头盔时，你可以提出很多激发他们哲学思考的问题。我告诉孩子们，我是他们的私人书记员。当我对孩子们进行哲学采访并问他们问题时，我可以同时做记录，以便更好地保留有趣的想法。

典型的采访通常如下所示：

"亲爱的马克斯三世亲王，我有一个问题：显然这个世界上有些人非常快乐，有些人却不那么快乐。这是为什么？为什么有些人快乐而有些不快乐呢？什么是快乐？"

当马克斯三世亲王被问到这个问题时，他就有机会说出自己对快乐和不快乐的看法。（如果他还能看到你写下了他的想法，这可能会让他变得更为自信。不过，也有可能某些孩子不太喜欢你一边和他对话一边做记录。你可以根据当时的情况随机应变。）

快乐和不快乐的话题非常适合用于我们一起来做哲学。在访谈过程中，这样的话题也会引发许多有趣的想法和问题，它们会成为哲学探究的动力，发展为富有成效的对话。哲学访谈（戴头盔或不戴头盔）的问题和主题范围并没有特定的限制。在第三部分中，你将找到一些合适的主题。

维京人头盔还有另一个优势：当孩子在哲学访谈中感到厌倦或在某个时刻对话题失去兴趣时，他只需把头盔摘下来，这可以作为一个信号，表明他不想继续讨论了。

在共同进行哲学探究中，至关重要的一点是，它应该始终是自愿的和非强制的。如果做哲学是强迫的和被动的，那么孩子将永远无法像他们愿意的那样进行哲学思考。这也意味着孩子们有权决定何时不再希望与你进行哲学交流。重要的是，孩子们要感觉到你已经为哲学探究做好了准备，并欢迎他们随时来找你。

头盔策略绝对是可以帮助你推进哲学探究活动的最佳工

具。孩子们总是喜欢头盔和王冠。(当然,你也可以使用其他头饰。原则上,你可以在任何地方进行哲学访谈。也许你甚至可以在幼儿园里放一个"宝座",孩子们可以坐在上面。坐在宝座上的孩子可以拥有发言时间。这些都是值得我们尝试的。)

图片与照片

我想向你分享另一个策略:关于图片与照片的使用。就我过去的经验而言,图片与照片在哲学探究中扮演着极为重要的角色。这是什么意思呢?

想象一下,你想和孩子们一起谈论有关"城市"的话题。你可以在没有图片的情况下谈论这个话题:"为什么人们要居住在屋内和城市中?在一个城市里,有什么好的?有什么不好的?城市的优点是什么?缺点是什么?"

如果你此时向孩子们展示城市、房屋和村庄的照片,这将大大地促进他们的哲学思考。尤其是那些受孩子们喜爱之地的照片:购物广场、游乐场或其他引人注目的地方。

或者让我们换一个主题来讨论,比如"儿童与童年"。你可以直接与孩子讨论:"孩子从什么时候变成了大人?做个孩子更好还是做个大人更好?"在此,你也可以向孩子们展示他们在不同情况下的照片（在睡觉、在花园、在幼儿园、在小学等）。再如，在关于"动物"的话题中讨论动物与人的问题，图片的作用就更明显了。孩子们更喜欢你向他们展示图片或照片，他们会对你带去的图片或照片感到好奇。

各个主题的图片或照片从哪里来，这完全取决于你自己。这里有两个提示：如果你有一个要与儿童进行哲学探究的特定主题（例如"城市"这个主题），那么你得时刻多留意一下电视、杂志、日报或周报上有关"城市"的有趣图片，例如摩天大楼、纽约的中央公园、一栋乡间别墅、柏林市中心的大型建筑工地等，你可以简单地将图片剪下来并收集到文件夹或记事本中。多年来，我收集了很多图片，这些图片总是能为哲学探究提供良好的开端。

另一个绝妙的办法则是，直接购买那些已经包含许多有趣且适合哲学思考图片的报纸和杂志。在保证没有性或暴力画面的前提下，它们可以是各种各样的照片和图片。下次，也许你可以去超市看看，看看哪些杂志特别适合用于哲学思考。我的建议是，涉及地理、自然和科学的杂志最适合进行哲学探究。这类杂志包含了来自生活世界中的许多不同领域的图片。人、动物、风景、社会现象等在杂志中交替出现。（此外，照片的质量通常也很好。）

如果你带着此类杂志来到幼儿园,那么你可以和孩子一起浏览杂志中的图片。孩子们会自动地把目光停留在那些令他们感兴趣和使他们产生疑问的图片上。这对于那些尚不能较好地表达自我的孩子来说尤为受益。如果一个孩子对某一张图片很感兴趣,你可以把目光投向图片并与他展开讨论。一般性的交谈也可以走向哲学探究。

例如,当一张里约热内卢海滩上正在跳舞的人的图片映入你们眼帘时,孩子们被这张图片迷住了,此时你可以就此问道:"这张图片中的人们开心吗?是还是不是?人们为什么跳舞?快乐需要什么?"然后,这张人们在沙滩上跳舞的图片便有可能成为哲学探究的起点。

你可以选择慢慢地翻阅杂志,并逐步向孩子们展示图片。这对于人数较多的团体特别有用。或者,如果你想与孩子单独进行哲学探究,最好让孩子自己翻阅杂志,他们会在感兴趣的图片旁驻足观看。

除了头盔策略外,图片与照片策略也是我所推荐的最重要的技巧之一。经过我的实践验证,它也是推进幼儿哲学探究的利器。

经典的谈话圈

在幼儿园的一日生活中，你可以每周一次或多次地创建哲学谈话圈。和一群孩子坐在地板的坐垫上，找到合适的暖身活动。把谈话圈的对话规则向孩子们说清楚。这里的关键技巧在于如何开启谈话圈。你可以和幼儿谈论一个主题（比如，"幸福""友谊""动物"），或者提出更多的哲学问题。或者你也可以展示一张图片作为开场白，然后提出哲学问题。给孩子们的谈话预留充足的时间，也要尝试邀请"安静"的孩子加入谈话圈。最后，以固定的仪式结束谈话时间。

一分钟哲学进行时

这不是特指精确到秒或分钟的哲学探究，而是在一日生活的某个瞬间邀请孩子进行快速的哲学思考。你只需要在一日生活中根据当时的特定情况点燃幼儿思考的火花。"你是怎么想的？……为什么是这样的？"可以是在户外玩耍的时候、穿鞋的时候，或者任何值得发问的时刻。

幻想与梦想

"如果这个世界只剩下黑色与白色会怎么样?""如果有一天你可以成为海盗船长,你会想做什么?""如果你会飞,那么你想飞去哪里,你想看到什么?"在幼儿园的每一天都充满了无数想象的机会。儿童生活在他们"自己的世界",想象在这里扮演了出乎意料且富有成效的角色。你可以利用白日梦、"胡思乱想"以及想象中的珍贵时刻来进行哲学探究。想出一些合适的哲学问题,不要对整个事情太当真。不要忘记乐趣与欢笑的自由。

故事阅读与提问

你也可以在经典谈话圈中阅读故事,然后提出一些引发哲学思考的问题。故事为谈话提供了有逻辑且有深度的内容。你可以选择那些你小时候就喜欢的故事,或你所在幼儿园的孩子所喜欢的故事,以及那些可以生发出哲学问题的故事。此外,也有许多故事书特别发人深省。如果你喜欢讲故事并且充满了想象力,还可以编一些孩子们喜欢的故事来进行哲学探究。那些以动物英雄或在特殊处境中的人为题材的故事，通常会涉及友谊、爱情、贫穷和富贵、幸福、生命意义等话题。

本书的第一部分和第二部分为你提供了一些有关在幼儿园里如何开展儿童哲学探究的建议，相信它们会使你的实践更为轻松。在第三部分中，你将找到更多适合同幼儿一起进行哲学探究的主题和想法。我希望那些也能对你有帮助。

第三部分

主题与观点

以下所有主题与观点都已经过实践检验。对于部分主题，我在其他书中虽已有所提及，但在此重新做了处理，使得所有主题都适合与幼儿进行哲学探究。当然，你也可以按照自己的情况改变主题，或者将已有主题所涉及的问题进行扩展。你可以从"哲学超市"中获取自己最喜欢的东西。有一些主题是非常经典的哲学命题，例如"幸福""爱""死亡"和"好与坏"等，更多的则是与幼儿生活世界直接相关的主题，例如"动物""儿童""大人""朋友"等。

什么是有价值的？

我们人类赋予事物不同的价值。也许有些东西对你来说特别珍贵。这些可能是对你来说具有特殊情感意义的东西，例如，来自朋友或家人的礼物或有价值的纪念品。

同样，儿童很早就对某些东西产生了偏好。有些东西比另一些东西更令他们着迷。有一种简单的方法可以与幼儿就事物的不同价值进行哲学思考。那就是借助一种游戏。

你需要准备几个道具。我通常会为游戏准备四样东西：一个苹果、一块拳头大小的石头、一部智能手机和面值 1 欧元的硬币。你在第一次尝试时也可以使用这四样东西。以后你也可以自行选择许多其他东西。

在游戏中,请将四样东西摆放成一排,以方便孩子们看到这些东西。该游戏既可以在人数较多的团体中进行,也可以在单独对话中进行。首先,你可以问一个问题:"这些东西中的哪些对你来说是特别有价值的?哪个东西是最有价值的?"

大多数孩子对智能手机相当着迷,他们会说手机是最有价值的东西。即使孩子没有明确说"有价值",你仍然会注意到智能手机吸引了最多的关注。孩子们可能会说"好酷呀!""那是最好的!""我想要一部智能手机"等。

在受欢迎程度中排名第二名的可能是面值 1 欧元的硬币,因为它通常象征着金钱。当你问"为什么金钱是有价值的"时,许多孩子会说:"有了钱,人们可以买东西。钱特别重要!"苹果和石头总是远远地排在后面,几乎从来没有孩子认为它们是最有价值的东西。

在哲学探究中，你可以和孩子们一起思考某样东西可以用来做什么。"人们用智能手机做什么？那钱呢？用钱可以买什么？哪些东西是不能用钱买的？一块石头有什么用（用于投掷、建造房屋/墙壁等）？一个苹果能起到什么作用？"

有时，孩子们会自己认为智能手机并不是那么有价值，比如，当他们感到饥饿的时候。那个时候，苹果就是特别有价值的。（然后，其他孩子会开玩笑地说，只要他们有足够的钱，父母也可以打电话为孩子们叫外卖比萨。）

在哲学讨论中，我提出的相反意见则是石头也可能特别有价值。例如，当我在户外的时候，我躺在垫子上，起风了，风把垫子吹了起来，这时我可以拿一块石头放在上面加固一下。

在哲学游戏中，孩子们自己会慢慢地发现，并没有最有价值的东西，一切只取决于不同的使用情境，情境决定了哪些东西是更有价值的。（当然，事物的情感价值有时会超过其实用价值。）对于饥饿的人来说，硬币、电话和石头是一样毫无价值的，因为他们不能吃这些东西。对他而言（此时此刻），苹果是万物的尺度。而对于那些在陌生的地方迷路的人，充满电且带接收功能和全球定位系统（Global Positioning System，简称GPS）的智能手机是完美的选择。

在幼儿园与孩子一起思考根据不同需求而产生不同价值的东西，不仅具有教育意义，而且能为他们带来乐趣。你可以稍微改动下这个游戏，选择8个、9个甚至10个东西。在这之前，你最好对孩子们的生活环境做一些观察，了解一下哪些东西经常为他们所谈论。

如果你有足够的时间来玩这个游戏，那就太好了。有时，对不同事物的价值进行哲学思考可能只需要5分钟时间；有时，孩子们谈论了半小时依旧滔滔不绝。

幼儿园里的"国王"

在儿童的生活世界中，幼儿园通常扮演着非常重要的角色。孩子们在幼儿园度过了人生初年的大部分时光。如果不算睡觉的时间，幼儿每周与幼儿教师相处的时间要远远多于与其父母相处的时间。幼儿在幼儿园中的经历肯定会以某种特定的方式决定他们未来生活的方向。这意味着幼儿教育工作者的责任往往是重大的。

幼儿可以对幼儿园本身进行精彩的哲学思考。头盔策略在此将特别有用。最好将头盔戴在一个孩子头上，并加冕他为"国王"。然而，你可以对他进行"哲学访谈"："你喜欢幼儿园吗？你喜欢这里的什么呀？你讨厌这里的什么呀？幼儿园的哪些地方让你感到特别舒适？哪个是你最喜欢的地方？哪个地方让你觉得很无聊？"在孩子对幼儿园进行一般性的讲述之后，你可以说以下的话："如果你现在是幼儿园的国王。你觉得幼儿园有哪些可以改进的地方？应该有点什么不同吗？你将如何重新设计我们的幼儿园？幼儿园在你心中应该是什么样的？"

当孩子们感到可以自由表达自己的想法和愿望时，他们炯炯有神的眼睛总是一闪一闪的。戴上头盔或王冠会使得他们表达起来更容易。在这个游戏中，幼儿的想象力至关重要：孩子们可以想象一个新的幼儿园。他们的小脑袋常常会爆发出许多令人兴奋的想法，我们可以就这些想法展开哲学探究。（此外，

作为教育者,我们应当关心孩子对于幼儿园的想法,能从孩子的口中听到关于幼儿园的想法对幼儿园未来的发展是大有裨益的。这并不是说我们必须去实现孩子们的所有想法和愿望,更重要的是,去全心倾听,去走入他们的生活世界,使得孩子们产生对自我的认可和被接受的感觉。)你们也可以一起讨论"为什么会有幼儿园?幼儿园有哪些好处?为什么幼儿园是好的?"。对于即将上小学的孩子,你还可以与他们一起就小学进行哲学思考:"为什么会有小学?人们难道不能在任何地方学习吗?小学给你的感受是什么,害怕还是高兴?你对小学有什么期待?"

大人与小孩

毫无疑问,有些人是小孩,有些人是大人。然而,这个问题并没有那么明确。儿童和成人之间的分界线在哪里?儿童是什么时候开始不再是儿童而变为成人的?成人从某种意义上来说会不会还是儿童?一个人18岁以后就不再是孩子了吗?还是当人们从父母身边搬走的时候就不再是孩子了?但他们不始终还是父母的孩子吗?儿童和成人之间是否有明确的界限,还是这种过渡总是模糊的?

也许，童年是根本不存在的，这个观点还有那么一点意思。当然，只要有人类，总会有儿童。但是，正如童年研究者精彩的阐释，童年作为生活的一个独立阶段首先是一种现代的建构。童年的存在只是因为成人希望有一个所谓的童年。例如，在中世纪，就根本不存在我们今天所认识的童年。儿童在中世纪被视为小大人，只不过他们是"未成熟的"。当然，中世纪的人们看到孩子是有待成长的，他们肯定也有很多需求。但是，对于是否应该保护儿童免受明显的性和暴力侵害，中世纪的成人对此没有过多的顾虑。儿童是没有秘密的，他们只是成人的缩影。在今天，毋庸置疑，我们必须保护儿童在童年期免受性和暴力的伤害。

在幼儿园进行哲学活动时，我总会注意到，孩子们多多少少会思考"他们"和"成人"之间的区别。一方面，大人的存在对孩子来说是毋庸置疑的；另一方面，他们好奇大人的生活是怎样的以及有关儿童与成人之间关系的问题。

显而易见的差异早已代表着一种不平等的关系：儿童首先是这样一种存在，他们总是比成人要小。因为儿童的身体永远处于劣势，所以成人并没有真正认真对待儿童以及他们的思想与关切。因此，在幼儿园做儿童哲学时，我们总是建议与幼儿采取平视的方式进行哲学交流。就像在餐厅吃饭使用一个宝宝椅一样，以平等的方式对待儿童首先体现在身体方面。如果孩子可以与成人一样"大"，这有助于他们更为自信。可以在座椅（如椅子、凳子、坐垫等）设置上使其变得可能，或者设置一些"宝座"或"哲学家的椅子"。或许你在幼儿园里有这样的机会来为孩子们调节座椅的高度。

在与孩子们讨论关于大人的话题时，我们也可以使用头盔策略，这同样会给我们带来难以置信的效果。

作为导入，你可以这样采访孩子："世界上有孩子，也有大人。大人有时候是不是也非常无聊和烦人？"许多孩子会赞同这样的看法。然后，你最好继续追问："为什么大人有时会无聊又烦人？"直到最近，我才从一个 5 岁男孩的口中听到

这样的回答:"大人总是告诉我们应该做什么和不应该做什么。这太坏了!我自己也想做决定呀!"这时,你可以继续发问:"为什么大人总是告诉孩子应该做什么和不应该做什么?他们为什么要这样做?"或者你也可以问:"如果大人不再告诉你应该做什么,你打算做什么呢?如果这个世界没有大人会怎么样?"

你们也可以就规则问题一起思考,无论如何,这个话题迟早会出现的:"为什么大人制定了这么多规则?规则是好的还是坏的?没有规则的世界会怎么样?"

令人兴奋的是,这些问题往往会引发出下面这样的问题:"小孩与大人之间有什么区别?"或者:"一个人是从什么时候变为大人的?"

近年来,我在这些问题上听到了很多有趣的想法,例如:

"小孩比大人小。但是实际上,小孩跟大人是一样的。"

"大人认为他们比小孩要更好。"

"当你不再有乐趣时,你就长大了。"

"孩子们的游戏比成人多,而且更快乐,因为他们不必那么操心。"

"成人会抱怨,且必须工作。"

"孩子们会笑。成人看起来很生气。"

在每个有趣且有时很巧妙的回答后,你可以继续追问:"为什么是这样的?"

另一些特别棒的问题是:"当大人好还是当小孩好?你想永远做一个孩子还是快快长大?为什么呢?"在做儿童哲学时,最为关键的是不断地追问。这种追问的方式(苏格拉底式方法/精神助产术)通常会让你从孩子们口中获得更多激动人心的答案和想法。

如果我是一只小鸟……

这个游戏与孩子的想象力相关。该游戏既可以与一个孩子一起玩,也可以在小组中进行。最好的办法是让孩子们放松地躺在地板的坐垫上,闭上眼睛,让他们的思绪安静地放飞几分钟。你可以说:"想象一下,你将变成一只鸟,然后飞离幼儿园。你会去哪儿呢?你想去看什么呢?那里的世界看起来会是怎样的?……"重要的是,你要尽可能地多说一会儿话,以便孩子们有足够多的时间将自己置于鸟的世界中。

之后，孩子们可以睁开眼睛，谈论他们看到和感觉到的东西以及他们在作为小鸟的旅途中去了哪里：他们看到了什么？当时他们在哪里？也许你也可以和孩子们一起思考自由的话题："小鸟自由吗？它比人更自由吗？是还是不是？为什么？"

这次奇幻的旅程之所以棒极了，是因为孩子们可以改变自己的视角（成为一只小鸟会怎么样？/会看到什么？），并且还可以从中更深入地认识他们自己。

当孩子们告诉你他们的"旅行经历"以及他们作为小鸟游览过的地方时，你还可以深入了解孩子们的幻想世界。也许，幼儿园孩子们向往的地方是从电视或杂志上认识的？通过扮演小鸟的角色，孩子们可以与深藏于他们内心的想象世界建立联系。

最后，关于他们的所见所感可以通过对话的方式展现出来，让孩子们把思想转化为语言。即使年幼的孩子还不能很好地表达自己的想法，这也是一次改变他们视角的经历。

这个游戏"如果我是一只小鸟……"也与同感能力有很大关系。孩子们通常很早就对动物有所洞察，例如，鸟类不是"机器"，不是"物体"，而是有感觉的生物。所以，你还可以对这样的问题进行哲学讨论："如果这只小鸟被关在笼子里，再也无法飞到想要去的地方，那会是什么感觉？"

恐龙

孩子在很小的时候就对恐龙世界着迷。或许，吸引他们的原因是，恐龙已经灭绝了，它们以前是很大的动物。或许，他们已经近距离地看过恐龙的巨型骨架或仿制品，并被居住在地球上的这些前居民所震惊。孩子们不会忘记自己看到恐龙化石时目瞪口呆的表情。

我们可以利用孩子们对于恐龙的痴迷来一起进行哲学探究。最好准备好一些表现力强的图片，例如霸王龙、迅猛龙等的图片,并告诉孩子们恐龙几乎已经绝种了。(恐龙大灭绝有不同的阶段,大致的原因可能是行星撞击地球、火山频繁喷发、海平面下沉等。)如果有可能,你不妨也准备些恐龙化石的图片向孩子们展示。

通过对"恐龙"主题的一般介绍,无论如何,孩子们都会产生很多问题。当你谈论恐龙的灭绝时,你们可以开始一起进行哲学探究。你可以问:"恐龙在地球上生存了很长时间,但它们灭绝了。我们人类会不会有一天也灭绝?"

大多数幼儿会激动地回答"是!"。幼儿园里大班的孩子已经非常关注他们周围的环境问题以及人们对大自然的暴力,所以不相信人类会永远存在。这会是激发哲学探究的绝佳时

机！生命的短暂性是一个前哲学问题，而恐龙这一主题正好相当于进入这一抽象话题的"入场券"。

对此，你可以问孩子一个问题："如果人一直活下去，会怎么样？那是好事还是坏事？有什么好处？有什么令人可怕的吗？"我曾经用这些问题与幼儿园的孩子们进行了许多精彩的对话。你也可以尝试一下！

你也可以和孩子们一起思考一下，如果恐龙在今天复活，将会是什么样子："恐龙身上会发生什么？人们会怎样对待恐龙？"你还可以带孩子们进行一次幻想之旅：此时，孩子们可以闭上眼睛，想象一下独自生活在恐龙时代会是什么样子的。

之后，你可以带孩子们神游到有人类存在的当下，最后漫游至未来。告诉孩子们，在未来的地球上，人类可能都消失了，问问他们看到了什么。"一个没有人的世界会是一个伟大的世界吗？还是一个更为贫穷的世界？没有人的地球会怎样？"

友谊

"沙坑友谊"（Sandkastenfreundschaft）这一词并不是没有理由的。在"沙坑"旁边相识后培养起来的友谊是一份特殊的情谊。对于幼儿来说，"友谊"这一主题意义重大。他们可能会与朋友谈论他们不会告诉其他任何孩子的事情。朋友之间可以彼此分享秘密,当然更多的是一起玩耍。

你可以尝试与幼儿园的孩子们以"友谊"为主题进行哲学探究。你可以单独采访一个孩子。但我发现,如果你特意地对两个好朋友进行哲学采访,那将是令人兴奋和富有成效的。作为一名教育者,你一定知道某个孩子特别喜欢另一个孩子。大多数孩子有一个最要好的朋友。听两个最要好的朋友一起谈论友谊会很有趣。

你可以就以下问题进行采访:"什么是友谊?朋友有什么特别的?为什么友谊会存在?和一个朋友在一起,可以做什么?有什么是你无法与其他人一起做,只能和朋友一起做的事

情？朋友为什么是好的？"

在此，你们将以最佳的状态进入哲学思考中："没有朋友，生活会是什么样？一个人可以有几个朋友？只有一个？还是两个？有这么多朋友好吗？还是有一个最要好的朋友就够了？友谊会破裂吗？为什么两个朋友会分手？人们之间可以永远做朋友吗？"

如果你与两个朋友交谈，你还可以单独就他们的友谊故事进行哲学发问："你们两个为什么是朋友？你们为什么喜欢彼此？你们的友谊有什么了不起的地方吗？每个人都应该有一个最要好的朋友吗？还是不需要？朋友必须是年龄相同的吗？还是不用？为什么？"

交通工具

无论是在水上、陆地上还是在空中，孩子们从很小的时候就开始玩交通工具游戏了：诸如轮船、飞机、火车之类都是以迷你的方式出现在孩子们眼前的。从玩具消防车到小型宇宙飞船，再到积木上的海盗船，孩子们喜欢玩这些东西。在日常生活中，孩子们也会遇到这些模型的真实对照物：在马路上，他们看到自行车、各种品牌的汽车；在天空中，他们可能很少看到热气球,但是能看到各种大小不一的飞机;在河上或海上,有各种尺寸的帆船或皮划艇,甚至是超级油轮和海上游轮。成千上万公里的铁轨横穿陆地,孩子们经常着迷于快速列车或历史悠久的蒸汽机车。雪橇、马车或直升机也同样是一些令孩子们兴奋的交通工具。儿童(也像许多成人一样)对飞向太空的火箭发射印象特别深刻。孩子对于交通工具的着迷可以有效地用于哲学探究中。

有许多种可能的方式来开启哲学探究。当孩子们在玩玩具车、小型太空飞船、小船之类的玩具时,你可以让他们思考一下,他们还知道哪些其他的交通工具。通过列举许多不同的交通工具,孩子们就会明白有许许多多的交通工具存在。或者,向孩子们展示不同交通工具的照片或图片也是一个好方法。这些照片或图片几乎总让孩子们着迷。这样,你就可以把孩子们的注意力转移到你的话题上。开启对话的最佳问题可以是:"为什么会有汽车、飞机或轮船?人们可以用交通工具做什么?"如果要使得对话更具哲学内涵,我们还可以和孩子讨论一下交通工具对人的利弊:"交通工具有什么用处?这些交通工具是不是也会造成不好的事情?为什么?"

对于这些问题,我在过去听到过许多有意思的想法。幼儿园的孩子自然会觉得汽车、飞机和轮船"很酷",但他们也发

现"汽车通常是很危险的"。特别是在马路上,孩子们清楚地意识到了他们幼小的身体陷入了不利处境。甚至是小型汽车对幼儿来说都是"巨大的",更不用说卡车、越野车、工程车等了。我们大人也可以想象一下,马路上的车辆一下子放大了两倍会怎么样。

此外,我也发现,孩子们在很早的时候就开始关心环境问题了:许多孩子喜欢汽车,但是他们也知道汽车会破坏环境。有些孩子甚至提议禁止开车,这样城市就能变得"更安静、更健康"。当然,也有一些精打细算的汽车迷,他们认为以后会有一些更大、更快、更环境友好型的汽车出现。如果你们在小组中一起思考"汽车是好还是坏?"这样的问题,孩子们会面对许多不同的观点，这将促进他们相互对话，产生富有成效的想法和观点。

有一个与交通工具相关的幻想游戏是"无车的世界"。你可以问："一个没有汽车的世界是怎样的？这个世界会变得更好还是更坏？如果现在开始不再有汽车在路上了会怎么样？"在这里，你也可以期待孩子们激动人心的想法，并不断提出问题以支持共同的哲学思考。

我感觉棒极了！

在古希腊，哲学探究总是与闲暇（Muße）相关。古希腊人认为，宁静的气氛有助于激发思考。在德语中，"闲荡"（Müßiggang）一词表明，人们或多或少会有一点轻视那些试图从工作、压力和日常生活中获得长时间休息的人。然而，大脑研究清楚地证明了古希腊人已经知道的知识：为了获得最佳的工作绩效，我们人类需要创造性的休息来获得感觉良好的氛围，这种氛围不会给人负能量、恐惧和压力。

在幼儿园里，你们也可以对人何时真正感到舒服或不舒服进行奇妙的思考。在开始时，你可以通过以下问题开启对话："你什么时候感觉很舒服？你什么时感觉不舒服？你觉得你活得好吗？你什么时候感到开心？你什么时候感到很难过？"

之后，你们可以就世界上的人过得怎么样进行思考："世界上大多数人活得好还是不好？世界上大多数人是开心还是痛苦？人们为什么需要快乐？"当孩子们就这些问题产生有趣想法的时候，你应当感到好奇，并进一步追问。重要的是，孩子们必须有足够的时间来表达自己的想法。这始终是在幼儿园做儿童哲学的先决条件之一。

在幼儿园里，孩子们对于怎样的氛围是舒服的最有发言权。也许你还可以与同事就孩子们的想法来改善一下幼儿园的环境。有时，幼儿关于良好感觉的陈述背后隐藏着大量关于幼儿生活的有趣信息，这需要教师进一步地去挖掘。哲学探究本身也应该在感觉良好的氛围中进行。（建议：例如，不要在游戏中使用头盔策略，而要舒适地躺在地板的坐垫上。）

好与坏

"善与恶"是一个前哲学问题，孩子早在幼儿园里就已经能够对善与恶的问题进行哲学思考了。你可以通过不同的方法来进行，其中有一种方法是这样的。

你需要再次把头盔或王冠戴到一个孩子头上，并告诉其他孩子，他是一个"好国王"，并且对自己的"王国"负有重大责任。这位"国王"必须只做好事。请孩子思考："好国王"的命令是什么？他将如何做一个"好国王"？（用儿童的语言，你也可以说"可爱的国王"或"友好的国王"。）同样，一个孩子在成为"好国王"之后，也可以成为"坏国王"。那么，"坏国王"的命令是什么？他的"王国"会发生什么？

一些孩子可能会拒绝"坏国王"的角色，另一些孩子则可能非常乐意担当这个角色。最好你在私下询问这两位"国王"的命令，因为其他孩子的意见可能会影响"国王"做出决定，他们很有可能会将其他孩子希望或不希望的命令作为答案。在听完孩子扮演"好国王"和"坏国王"角色的命令后，你们可以对究竟什么是"好"和"坏"进行哲学思考。在孩子们例举完好和坏的命令后，可以让他们就他们眼中的好和坏进行概括。

与孩子们一起思考好和坏的另一种不错的办法是利用照片或图片。这最好是在大的团体中进行。最好准备十几张或更多不同情况下的人的照片：一开始，也许可以使用典型的"好人"的照片，例如，一个帮助年长的女性过马路的男人的照片、一个在救动物或是救人的男人的照片。让他们看一下照片，看看他们发现了什么。然后，再把典型的"坏人"的照片拿出来，例如，小偷的照片、一个从小孩子或其他人那里勒索金钱的少年的照片等。你可以问问孩子们照片或图片上的人是好人还是坏人。在大多数情况下，这些典型的图片给人的印象几乎是一致的，孩子们的回答一般来说会比较单一。

有趣的是，当你给孩子们看一张"一个孩子在打另一个孩子"的图片，并告诉他们，这个孩子打另一个孩子是在反击，因为先前他被另一个孩子打了。孩子们的意见可能会产生分歧。这时，你可以问："这个孩子应该打回去吗？打人是坏事吗？人们可以打人吗？"

或者，你也可以展示动物世界的图片：一条蛇把一只老鼠捉住并吃掉了。"蛇吃老鼠是好事还是坏事？动物世界里有好

与坏吗？还是只有人类的世界才有好与坏？"

还有一张图片也很有意思，图片上，一个男人把树推倒了。"这个人是好人还是坏人？"如果你问孩子这个问题，他们通常会产生激烈的讨论，有些孩子为砍倒的树感到难过，其他孩子则认为我们人类也需要木头。

在一起看了许多图片之后，你们可以再次谈论"好与坏"的主题。"什么是好的？什么是坏的？为什么世界上会有好人和坏人？坏人如何成为好人？一个好人又怎么会变成坏人呢？还是一个好人将永远善良？"

家是什么？

在以父亲、母亲和孩子为单位的家庭形式之外，如今的孩子越来越多地成长于不同形式的家庭中。作为该主题的导入环节，你可以与孩子讨论有关其家庭的大致情况："你的家庭成员有哪些？"除了人类家庭成员，孩子通常还会提及他们的宠物。当你们开始思考为什么会有家存在的时候，你们便开始了哲学探究。"有家会带来什么好处？为什么我们不和最好的朋友或不认识的成人一起长大？有家是好事还是坏事呢？为什么？"

关于哪个家庭成员对孩子特别重要的问题可能引发有趣的对话。此外,兄弟姐妹的话题也会打开孩子们的话匣子。尤其是对于那些独生子女而言,可以和他们聊聊有兄弟姐妹参与的生活会怎么样。"你愿意有一个弟弟或者妹妹吗?为什么呢?"同样,你也可以采访有兄弟姐妹的孩子:"有兄弟姐妹是好事还是坏事?有兄弟姐妹对你会有什么好处?哥哥(弟弟)/姐姐(妹妹)与你最好的朋友有什么区别?"

儿童很早就会注意到家庭内部发生的冲突。关于这些冲突的对话有时能对矛盾的解决有所帮助。在此,你可以与孩子们一起思考"为什么家庭成员之间会吵架?"。对于这个问题,孩子们常常会给出极为令人惊讶与激动人心的回答。

起初……

世界的起源是最古老的哲学问题之一。人们可以从不同的角度来解释这个问题：科学的（宇宙大爆炸）、哲学的（一切总是存在着的）或神话的（关于世界起源的精彩故事）。所有这些不同的观点也表明，人们在任何时候都在各自的文化圈中思考世界的起源。

与孩子们就世界的起源进行哲学讨论并不是为了找到正确的解释，而是要倾听孩子们对世界开端的想法。该主题有许多不同的导入方式。我在和孩子一起开展哲学活动的时候发现，描绘宇宙的图片可以有效地开启对话。你可以提前准备一些关于银河系、太阳以及地球的图片。

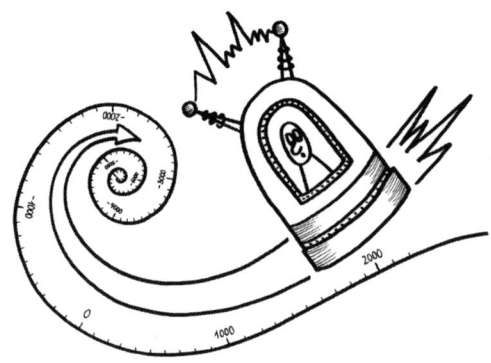

这些图片总是为幼儿园的孩子所着迷。当你向孩子们展示图片时，你可以问："这些是谁的杰作？谁创造了这一切？世界是一直存在着还是被创造的？"

当然，你也可以告诉孩子们有关"宇宙大爆炸"的知识：起初，万物都凝聚在一个极其小的点上，然后这个小点就"爆炸"了。

但是，在你讲述科学的解释之前，更为重要的是询问与聆听孩子们的想法。我敢保证，他们的解释会更令人兴奋。"在世界最最最最早的时候是怎么样的？比人类、恐龙和所有生物诞生之前还要早的时候？"

我和你

在人生的初期，孩子们就已经意识到，他们在地球上的生活并不孤单。自古以来，母亲与孩子的关系是人类社会中最牢固的联结，象征着人与人之间最紧密的联系。

毋庸置疑，人是社会性的存在，这一点会导致诸多后果。日复一日，幼儿园的孩子们经历着各种人际关系互动。对于孩子来说，与父母的关系有别于他们同幼儿教师、好朋友或者超市销售员的关系。身为孩子意味着，他们必须通过锻炼融入一个充满他者的世界中。

同时，孩子们逐渐地认识了自己。随着年龄的增长，孩子们可以更好地反思他们生活中所发生的事情。对于幼儿园的大多数孩子而言，反思性的自我觉察能力仍然处于比较弱的阶段。（尽管孩子与孩子之间会存在很大的差异。我要提醒那些傲慢自大并且认为自己优越于儿童的成人：就算是成人也可能缺乏对于人际关系的反思能力。）

对于幼儿而言，向自己提出问题同样是令人兴奋的。自我反思是哲学事业的一部分，你可以在幼儿园中与单个孩子一起尝试下这样的工作。在对"我和你"进行哲学思考时，最好是以一对一的方式。你在一开始的时候可以向他展示一些孩子的照片，最简单的就是那些他在幼儿园里认识的孩子。你可以笼统地问他喜欢哪个孩子，不喜欢哪个孩子。当然，你也可以给他展示大人的照片，但最好是他认识的大人的照片。

谈论这些照片总会引发关于社会关系的话题，你可以借此作为哲学对话的开场白。最后，你可以向孩子展示一张他本人的照片（你也可以用镜子试一试），然后可以问诸如此类的问题："你究竟是谁？这个世界上只有唯一的一个你。是什么让你与其他小朋友有所不同？你和其他小朋友有什么共同点？你为什么来到这个世界上？为什么每个人都是不同的？"

通过向孩子们展示其他人和他们自己的照片，你可以带领他们开启自我反思的进程。这种方式并非总是有效的，但是据我之前的观察，孩子们是能够进行自我反思的，尤其是对于他们自己的反思。一些孩子在童年时代的早期就想知道为什么他们会来到这个世界，为什么他们存在于这个世界。孩子们的这种思考与自我反思是一致的，并且通过自我反思，他们将富有成效地处理自己的问题。通常，你还可以与幼儿谈论他们的爱好和技能："你特别喜欢做什么？你擅长做什么？你能做其他小朋友做不到的事情吗？"谈论这些问题几乎总会出现那些你能够捕捉到的有趣观点。

为了让孩子们对社会关系有所思考，其中一种可行的方法是"孤岛游戏"。你可以尝试这样做：请一个孩子闭上眼睛，想象他在一座孤岛上。没有人在那里。那里有充足的食物和饮品，这个孩子也将拥有一栋能够遮风避雨的大房子。但是，在岛上，他见不到任何人。

"在这样一个孤岛上生活会怎么样？一个人都没有是好还是坏呢？会不会有些可怕？为什么？有时候一个人待着是不是也挺好的？那么，多久比较好呢？"与孩子们讨论孤岛生活不仅激发了他们的想象力，而且还使你对幼儿的内心世界有了进一步的了解。

你还可以把"孤岛游戏"再扩展一下:"当你在一个孤岛上的时候,你可以带上五个人来陪你,你想让谁去呢?"这个问题需要孩子(以及成人)好好考虑:或许,孩子们不只需要在情感上与他们亲密无间的人,也需要一位能使孤岛生活变得更为有趣的娱乐大师。你也许可以问问孩子们,他们为什么想要带上这五个人。

在"我和你"的主题中,还有许多其他可行的方式,例如,关于人际关系的对话。就友谊的话题,我们已经知道,孩子们之间所建立的关系是不同的,有些关系紧密,有些关系疏远。或许,你可以问:"你最喜欢谁? 谁对你来说最重要? 你一点儿都不喜欢谁? 为什么我们不会喜欢所有人? 为什么有些人讨厌彼此？"

你只需尝试问问不同的问题即可。有些问题，孩子们会说得特别开心，有些则效果没那么明显。每个孩子都是不同的，所以，他们对于同一个问题的反应和想法也是不同的，重要的是你的开放态度，包括尝试不同的思考实验来激发孩子思考。

人们可以吃大象吗？

动物在儿童的生活中起着极其重要的作用，每当涉及动物的主题时，孩子们总表现出浓厚的兴趣，并对此滔滔不绝。几乎每个孩子都养过宠物，或者至少想要养一个。也许，在你的幼儿园里就有一些动物。

在关于动物的许多哲学对话中，我发现即便是很小的孩子对动物世界也有过深刻的思考。下面我将推荐几种帮助你和幼儿就动物进行哲学探究的方法。你可以尝试一下。

如果你可以携带动物与孩子们进行哲学对话，那真是太棒了，最好是仓鼠或小鸟。就像我前面说的，如果幼儿园里有动物，你可以直接把幼儿园的动物带到孩子们面前。孩子们会很乐意看到动物，并会对它们表示出善意。开始哲学对话的时候，你可以问："某某动物（最好叫出动物的名字）会像人一样有情感吗？它会感到疼或者快乐吗？它现在过得开心吗？还是它就像机器一样没有情感？"大多数孩子在很早的时候就对此深信不疑，即动物也是有情感的。（研究表明，动物实验应当受到限制，动物权利应该得到保护，因为许多动物能感觉到痛苦。）

以下这些问题也是很有意思的："动物和人类之间究竟有什么区别？哪些能力是某种动物所具有而人类不具有的？人们能做哪些动物做不到的事情？"这些问题总能产生有趣的对话。例如，一些孩子发现小鸟会飞、海豚会游泳，所以他们希望自己也成为某种小动物。在此，你可以进行哲学诘问："做一只海豚会怎么样？海豚的生活是怎样的？成了海豚之后，你能做什么？你不能做什么？"对于幼儿来说，更具挑战性的问题是："做动物好还是做人好？为什么？"

与孩子们讨论动物的经历一次又一次地向我表明，孩子们对于动物保护的思考十分用心。幼儿园的孩子已经开始思考有关动物伦理的问题。为了支持孩子们的思考，我向他们展示了某些动物的图片。对于每一张图片上的动物，我会轮流问他们："人们可以吃鸡吗？可以吃猪吗？可以吃斑马吗？还有大象呢？……"孩子们的回答通常是：猪、鸡、牛这样的动物，人们肯定是可以吃的，但像大象、狮子、海豹之类的动物人类是否可以吃，他们就不是那么确定了。当我再问他们："我们真的可以吃它们吗?"许多孩子回答他们不想吃大象:"我们不能吃它们!""为什么人们可以吃鸡而不可以吃大象?"通过讨论,你将有许多新的发现。如果孩子们告诉你不能吃大象,你一定要继续问:"为什么?为什么人们不能吃大象?人们不也吃鸡吗?"

这种有针对性的不确定性(怀疑原则)可能会产生很好的效果,因为孩子们质疑顺理成章的事情,将动摇他们对世界的自然态度。

近年来,关于人们是否可以吃大象的问题,我听到了许多振奋人心的回答。从有趣的想法("哦,你真的不应该吃动物。除了香肠,它们的味道太好了!")到深刻的哲学思想("不可以吃动物,因为动物们并不想被我们吃。")。

在较大的团体中,儿童有时会就是否可以吃大象的问题进行激烈的辩论。在这些哲学讨论中,你可能会发现,没有一种"正确"的观点,但是,对于同一主题,往往存在诸多观点,我们可以就此学会论证。

同样,对于是否可以杀死动物的问题进行哲学思考也很有意思。重要的是,从一开始,教师不应该提前制定规范性的条例,例如,"你们知道的,人们不应该杀死动物!"。如果你这样说,那么问题的答案就已经预先设定好了。

更有成效的是，你可以给孩子们看蚊子（蜘蛛、苍蝇或类似的东西）的图片和兔子的图片。然后问他们："我们可以杀死兔子吗？那么蚊子呢，我们可以杀死它们吗？"你肯定能想到，大多数孩子（也包括成人）都想保护兔子，但却想要杀死蚊子。这是为什么呢？为什么我们可以杀死蚊子却不能杀死兔子？这两个物种真的有不同的价值吗？

这不是要把孩子教育成素食主义者或规范地"训导"他们什么，而是去捕捉他们对动物世界的想法，并激发他们对人和动物进行思考。如果孩子们对其他动物的生活感到兴奋，并进而思考与动物"正确"和"错误"的交往方式，那真是太棒了。通过带孩子们一起讨论动物世界，你可能会发现一些以前被你所忽略的东西。

另外，一些孩子经常担心动物的自由问题，例如，动物被关在家中的笼子里、水族馆里或动物园中。尽管，几乎每个孩子都喜欢动物园和水族馆，但有些孩子想到动物会被关起来时就会感到不安。他们会问："我们真的可以把动物关起来吗？为什么？"

恐惧与烦恼

实际上，童年是一个相对轻松的生活阶段（或至少应该如此）。充满嬉戏的游乐场、无时无刻不在的欢乐，标志着儿童无忧无虑的生活。虽然这种无忧无虑的生活境况并不适用于描绘所有的孩子，但也有相当多的成人渴望回到童年，那时他们没有太多的压力、忙碌的节奏和生活的问题。

对成人而言，无论我们的童年是不是美好而幸福的生活阶段，与孩子谈论他们的恐惧和烦恼都是有必要的。我们可以通过不同的方式来讨论。

谈论恐惧与烦恼的话题时，一对一的采访会比在小组中讨论进行得更为顺利。也许你的经验会恰恰相反，这也是有可能的。首先，我通常会问一个孩子（最好是戴着头盔或王冠！）："我观察到许多大人总是担忧得太多。为什么大人总是烦恼重重？"对于这个问题，你可能会得到的回答是："成人总是必须操心一切！""嗯，大人必须照顾我们孩子。有时候，这绝对是糟糕的事。他们对明天想得太多，以至忘记了微笑！"一些孩子甚至提出建议："大人应该多玩玩！这样，他们就会变得更开心一点！"或者"他们不应该工作太多，而应该多吃点冰激凌！"

当然，你也可以问孩子一些个人问题："你有时会担心吗？你担心什么？"无须进行治疗性的对话，而是开放式的哲学思考（"为什么人会有恐惧和烦恼？有什么可以帮助解决此问题？"）。这可以极大地帮助孩子们思考他们自己以及他们的担忧和恐惧。孩子们会慢慢意识到，恐惧是人类生活的一部分。

世界从哪里来？

在其他主题中已经出现过关于世界的问题了。与所有其他哲学主题一样，重要的是，对于这个问题，你不要试图传达特定的想法或提供现成的答案，而是应该直面孩子本身以及他们的思想。孩子们很早就在思考他们为什么来到这个世界上、世界是如何产生的以及世界是什么样子的。

根据幼儿的认知水平，你可以准备有关世界的不同问题。喜欢阅读科普书的孩子对世界的看法与喜欢阅读故事书的孩子对世界的看法有所不同。当我与幼儿一起讨论世界是如何产生的时，孩子们既表达出了想象的画面（"坐在云端的白胡子老爷爷创造的"），也流露出深刻的哲学思考，例如，"世界来自一个点！"或"世界是你无法想象的！"。你最好继续追问，然后你会得到更多有趣的想法。

引人入胜的开场问题可以包括："世界是从哪里来的？你怎么看？你为什么会来到这个世界上？"

积木世界

古希腊人（或许比他们更早的人类）已经考虑过最小的微粒。如果一个人用手握住一块石头并将其分成两半，结果会怎么样？我们还能不能继续再分割其中的一半呢？物理学面临着类似的难题：虽然原子（出自希腊语，意思是"不可分割的"）作为纯化学元素是最小的物质单位，但是在物理和思维层面，我们还是可以把原子不断地切分下去。最后，对于最小的微粒是什么，测量仪器以及我们对于精确性的想象力都将失效。

你可以通过游戏的方式与幼儿一起对小型积木进行哲学探究。在讨论中，无论你们是否提及原子的概念都没关系。哲学探究旨在让孩子们在我们的物理与生理环境中开启探索，并能够思考自然和物质的本质。一起对微粒问题进行哲学思考可能是一个良好的契机。

在微粒、原子的问题上，我与大一点的幼儿尝试过两种进行哲学探究的方式。一种方式是，在沙坑中一起寻找小沙砾并仔细观察。（我已经在导言中提到过这个观察游戏。）当然，在河边甚至是海边开始哲学活动会是更好的场所。作为开场白，你可以说:"整个海滩/沙坑由很多沙砾组成。仔细看看它们。它们就像迷你的石头。但是,当你想把一粒沙砾一分为二时会发生什么?它会变小,对吗?如果你再继续把它切分成更小的部分,会发生什么?就这样一直继续下去,最后会怎么样呢?最小的部分有多小?是否存在最小的沙砾呢?"

孩子们会以极为不同的方式回应这些问题。有些孩子认为,"最后"就是什么都没有了。对于他们来说,不可能有最小的沙砾,因为最小的沙砾(几乎)就是什么都没有。有些孩子会把最小的颗粒限制在可以感知的范围内:"如果我怎么看都看不到它,那它就是不见了。"

在沙滩上做探索活动时,你还可以给孩子们准备好放大镜。这使活动变得更加令人兴奋。使用放大镜后,孩子们会看到个别的沙砾被放大了。对于某些孩子来说,这强化了一种感觉,即事物的大小可能并不那么重要,重要的是人类感知事物的方式。

当然,如果你所在的幼儿园有显微镜,那么你们也可以在哲学探究的尾声把沙砾放到显微镜下观察,这样会带来更好的效果。如果没有技术上的配套设施,也许你可以去借一个显微镜,让孩子们看看沙砾的内部结构。微小的颗粒在显微镜下会显得很大,这种大开眼界的经历会推进孩子们对沙砾问题的思考:"如果继续切分沙砾会发生什么?人们真的再也看不到它了吗?"

除了借助沙砾来思考"最小"的东西,还有第二种方式:使用乐高玩具。[当然,你也可以使用类似的插件模型。因为乐高玩具特别受欢迎,所以我在这里以它们为例。我知道有些幼儿园并不购置乐高积木:吞咽小积木的风险对他们来说似乎太大了,相反,他们使用较大的玩具,例如乐高得宝系列(Duplo)的玩具。但是,没有理由不让5岁以上的孩子玩乐高积木。]我和孩子们在乐高积木旁进行过许多有意思的对话。在这种情况下,只需尝试以下方法,我们就能开启理想的哲学探究。

让一个孩子或一群孩子用乐高积木进行搭建,例如搭建消防局、海盗船或者农场等。最主要的是,组装后的东西由许多小的乐高积木组成。例如,在孩子们搭建完一个消防局(也许包括消防车)后,你可以将刚建造好的房屋用作思考"最小"问题的完美时机:"我们用许多小部件搭建了这个消防局。尽管它是一栋大建筑物,但它却由许多小积木组成。"然后,你可以取下一块积木放到孩子们面前:"这只是大型消防局中的一块积木。但是,这块积木也包含了许多更小的积木,对吗?如果我们继续将这块小积木切分为多个小构建块,会发生什么情况？有最小的积木吗？还是最小的积木不再由更小的积木组成？"

积木游戏是可以变通的，你可以在幼儿面前用相同的积木搭建一个东西，然后不断地拆解，直到只剩下最后一小块积木为止。这样，你就可以清晰地将整体与部分的问题直观化，为共同的哲学探究打下良好的基础。在幼儿园，所有方法都是可能的。尝试对你和你所在幼儿园孩子最有吸引力的东西至关重要。

在这个游戏中，无论是沙坑路线还是乐高路线，重要的是，你都可以以将童真的想法作为进一步思考的机会，最好的办法是，在孩子的回答后反问一个"为什么？"，然后通过巧妙的提问，从孩子那里获得越来越多的想法。

插座游戏

电子产品已经成为我们生活中不可或缺的一部分，成为我们日常生活的重要组成部分，以至我们甚至都没有考虑过我们对电子产品的依赖程度。即使少数人想要在很大程度上远离电子产品，但诸如电视、洗碗机、智能手机之类在大多数人的生活中起着决定性的作用。通常，只有在电源故障造成家庭生活瘫痪时，人们才真正理解电子产品存在的意义。虽然电子产品存在一些负面影响，它们会直接或间接地造成环境污染，使得我们当代人成为"手机人"，但不管怎样，它们毕竟方便了我们的生活。用笔记本电脑撰写这本关于幼儿园儿童哲学的书绝对比在打字机上要来得更容易，而使用打字机则比手写更容易。

不仅仅是成人需要思考自己与电子产品的关系（它们真的使我们的生活更轻松了吗？还是我们也不太依赖电子产品？），幼儿在日常生活中也大量地接触电子产品。无论是在家中、幼儿园还是在街头的公共场所，电子产品随处可见，我们的生活早已被电子产品所裹挟。对此话题进行哲学探究也有许多途径。我在此分享给你一条经实践证实有效的途径，你可以随时随地尝试（甚至在幼儿园之外）。我称之为"插座游戏"。

这意味着要在幼儿园进行一次探索之旅，让我们来一起寻找插座吧。也许除了电子时钟和某些其他设备外，电子产品通常需要直接连接电源。当孩子们与你一起进行寻找插座的游戏时，这始终是一种极大的乐趣：从厨房的搅拌器和炉灶到洗手间的吹风机和游戏室的落地灯。也可以找那些带有电池的装置，例如玩具激光剑。孩子们找到的越多越好。

在你们找到一些电子产品之后，你就可以与孩子们谈论，看看哪些是他们认识的、他们在哪里发现了这些电子产品。然后，你可以与他们一起思考为什么会有电子产品："人们为什么会发明这样的东西？"孩子们会首先关心，人们可以用这些电子产品来做什么：从照明设备到电动玩具，从烧开水到时间显示，电子产品使得一切变得可能。同时，这样的问题会变得格外令人兴奋："如果没有电子产品，世界将会是什么样的？没有这些电子产品，世界将如何？是好还是坏？是无聊还是棒极了？为什么？"

如果你问孩子们他们想发明哪种电子产品，那也很有趣。（在这里，头盔策略会很有帮助。）孩子们往往能有令人惊叹的好点子，充分表现他们无穷的想象力。你应该对有趣的想法感到好奇，并巧妙地质疑它们。

死了之后会怎样？

童年是应当免于暴力与色情威胁的生命阶段。也许，死亡的话题也属于这样的一个阶段：我们真的有必要和孩子谈论死亡吗？每个家庭对这个话题的处理方式不尽相同。尽管一些家庭倾向于避免谈论死亡，试图让孩子保持冷静，但另一些家庭则以轻松的方式处理这一问题。

根据我在幼儿园做儿童哲学的经验，我想说的是：我们大可不必谈"死"色变。这不是建议我们要坐下来和孩子们说："好吧，今天让我们来谈谈死亡。"每个孩子经历死亡问题的方式都是不一样的，你也同样无法预测孩子面对这个话题时会发生什么。（对于谈论任何主题，你都不可能确切知道接下来会发生什么。）

不过，我当然认为，能为"死亡"这个话题做好准备也是好的。孩子们不断走近我，开始主动谈论死亡。一个女孩的祖母可能在周末去世了，而在另一个女孩的生活中，去世的可能是她的小仓鼠。这两个女孩都与死亡问题不期而遇。她们可能想知道死后会发生什么、死是什么，以及为什么有生命的都必须死亡。在漫画、视频游戏和电视中，动物、虚构人物或人的死亡是司空见惯的。何时与死亡相遇，这完全取决于女孩们和男孩们玩的游戏以及他们观看的节目，但是无论如何，迟早他们都会面对"死亡"这一话题。

如果孩子们可以就死亡和死亡之后的生命同你展开哲学对话，这将会非常有帮助。作为导入环节，你可以简单地问："你认为死后会发生什么？死后有生命吗？这些生命会是什么样子的？"

当我在幼儿园做关于死亡的哲学活动时，我还听到了孩子们这样的想法："死后，什么也没有。一切都是黑暗的。一无所有。"在涉及"死亡"的主题时，重要的是，不要试图将大人有关死亡和死后生命的观念强加给孩子，而是要仔细地听孩子们的话，并认真对待他们的想法。一对一的访谈通常是这里的最佳选择。

我想按照我喜欢的样子画世界

在下面的游戏中,你将利用并鼓励幼儿的想象力。无论如何,大多数孩子都有生动的想象世界,或者沉迷于白日梦。你和孩子们的这场游戏所需要的,只是一张白纸和许多用于绘画的彩色铅笔。

游戏的任务是:"一个完美的世界是什么样的?美好的世界对你来说是什么样的?一个让你快乐的世界看起来是怎样的?"在纸上,孩子们有机会画出他们的"梦想世界",在那里,他们会感到无比快乐。

有些孩子比其他孩子更容易接受这个绘制梦想世界的游戏。有些孩子可能连动笔都困难,但另一些孩子可能会画一个小时,期间他们不希望被打扰。最后我们看到的画作也会非常不同。从简笔画到素描小人像,再到狂野多彩的风景画,我已见识过很多。

该游戏的目的不在于绘画本身,画作的质量无关紧要,而在于随后有关绘画的讨论。你可以使用各种问题与孩子谈论他们的作品:"你画了什么?这是谁?这是什么?你的梦想世界是什么样的?来讲给我们听听吧。"

图像几乎总是进行哲学思考的好开端。你还可以从绘画中了解到孩子们尚未完全了解的一些东西。如果你一直问问题并与孩子一起思考画面的各个细节,总是有可能开始进入哲学思考的。例如,如果一个男孩在一个田园诗般的荒岛上画了两个"男孩",你可以问他这是谁。在此示例中,其中一个男孩是孩子本人,另一个男孩是他最好的朋友。对于这个男孩来说,"完美的世界"可能是他和他的朋友一起在一个漂亮又安静的地方,他们可能会经历冒险,一起钓鱼或造船……你可以不断地问下去。

画中的幻想世界可以成为进行哲学思考的完美起点。它会生发出许多值得我们探究的主题:你可以与孩子一起思考关于"友谊"的主题,那将是非常棒的。本书的主题中已经涵盖了这个话题:"你为什么要带最好的朋友去岛上呢?朋友能给你带来什么呢?为什么我们要有朋友?朋友和兄弟姐妹之间有什么区别?"也可以对"大人"进行哲学思考:"画中没有大人。为什么?没有大人的生活好吗?没有大人,生活会怎样?"

与这个男孩画的和好朋友一起生活在荒岛上的完美世界不同,另一个女孩画了一个有围栏的巨大骑马场,并希望整日骑马。这张图画可以导向"动物"主题,例如,动物是否有感觉,是否可以将它们锁起来或把它们吃掉。(该主题在本书中也曾多次提及。)

画中的梦想世界可以传达非常严肃的主题,例如暴力或死亡。当一个男孩因为近期的摩托车事故而失去了父亲,那么死亡可能会反映在他的画作中:也许男孩的梦想世界是他可以和父亲在梦中相聚。不过,对于幼儿来说,在想象世界中处理如此严肃的问题实属罕见,但这也不是不可能的。

孩子们的画几乎总是游戏性的,传递着积极的气氛并表达了他们的想法。我还看过一个五六岁的女孩的画,她画了纯净的森林和湖泊,里面有几间小木屋,人们通过风力发电来生活。在谈论这样的画时,我们对环境污染以及人类对自然的影响进行了哲学思考。这个女孩能想到人们未来的环境问题,我觉得是非常了不起的。她的梦想世界包括了人与自然之间的和谐关系。

借助绘画,孩子们可以以非语言的方式表达复杂的愿望、思想和想法。一张画胜过千言万语,不同的画给讨论带来了无限可能。有时候,图画可以传达出孩子们永远无法通过语言表达的信息。

你可以和孩子一对一地进行梦想世界游戏,也可以在一个小组中组织孩子进行这个游戏。孩子们一起画画也是一件很有趣的事情。但是,我发现,如果你单独与一个孩子谈论他的画,则更有助于一起进行哲学思考,而且孩子往往会表现得更加自信。这个时候,也可以用上头盔策略。

关于爱

对于幼儿(成人也如此)来说,"爱"可能是一个很有趣的话题。我相信,许多大人也曾思考过关于爱的问题,但那还不能被称作"哲学探究"。每当人们思考爱是什么(或不是什么),并互相交换彼此的想法时,哲学探究才真正开始。

3—5岁的孩子可能不会像成人那样清楚地表达自己的想法,但他们是可以思考爱是什么的。因为孩子们从出生那天起就开始有了被父母爱的体验。(当然,情况并非总是这样,在我们周围也有一些孩子是被抛弃的。)

爱与关心对于幼儿基本信任感的发展至关重要,在亲子关系中,爱的缺乏会对幼儿的自信心发展造成负面影响。

我在这里谈的爱是指人与人之间的爱。爱还有许多其他可能的形式,你可以通过不同的方式带领孩子对爱进行哲学思考。

你可以采取比较简单的方式开启讨论,例如,你可以问:"什么是爱?谁能爱谁?你爱谁?谁会爱你?"几乎总是有各种各样的回答。有趣、带有深刻内涵以及令人惊奇的想法正在等着你。

对"爱"这一主题的最佳开启方式是把相爱的人的照片展示给孩子们看:可能是一对年长的夫妇在接吻,可能是父亲和儿子一起在玩耍,可能是爷爷与孙女一起在散步,还有可能是两个朋友一起在河上划船。这样,你就可以和孩子们一起对不同形式的爱进行哲学思考:"朋友之间也彼此相爱吗?还是在

友谊中没有爱？爷爷和孙女之间的爱与一对老夫妻之间的爱有什么区别？爱会消失吗？爱是如何产生的？爱从哪里来？为什么世界上会有爱呢？"

第四部分

用故事来做哲学

以下故事可以帮助你在幼儿园与孩子们进入哲学探究。你在本书第三部分中相遇的哲学主题和观点几乎都会在以下故事中出现。在每个故事中,孩子们必须选择支持还是反对某些主张。哲学探究意味着孩子们要了解自己的意愿。在决定故事的结尾时,孩子们可以与你或与其他孩子交流想法。在这方面,几乎每个故事、短篇小说和童话都提供了哲学性的刺激物和问题。

一切仅取决于你对每个故事的处理方式。在此意义上,故事应该成为哲学探究的起点。正如我前面所提到的,在进行哲学思考时,没有"正确"或"错误"的答案,有的只是更为有趣的想法、观点和对话。有些故事适合年龄较小的幼儿,有些则更适合年龄较大一点的孩子。

整本书的"超市原则"也适用于这些故事:只需尝试找出那些为你的孩子所喜欢的故事。祝你使用愉快!

小海狸比伯

很久以前,有一只小海狸,他的名字叫比伯。小海狸比伯和家人一起住在美丽的海狸城堡中。他非常爱他的父母。海狸妈妈和海狸爸爸是伟大的父母,小海狸比伯在城堡中的生活非常优越。

小海狸比伯有两个兄弟。他们经常在城堡中一起玩耍。比伯的兄弟实际上最想到城堡外面去玩,他们一直住在城堡里,海狸兄弟不知道外面是什么样的。小海狸比伯也只好和他的兄弟们一起待在城堡里,因为父母不想让他们出去。父母总是说,他们还太小。

小海狸比伯的兄弟们渴望探索海狸城堡外的世界,特别是海狸城堡外的大湖。但是,小海狸比伯却很害怕。他不想出去。他的兄弟们决心离开城堡,但是他却不想这样做。一段时间后,三个海狸兄弟长大了,变得越来越有力量。

有一天,海狸爸爸对三个海狸兄弟说:"今天是重要的日子,你们三个孩子可以去游泳了。你们可以离开安全的城堡,去看看大湖了。但是,你们要小心点哦!我和你们的妈妈也会

一起去的。"两个海狸兄弟为之欢呼雀跃！他们很高兴，终于被允许去大湖里探索了！不过，小海狸比伯仍然感到非常害怕。他对城堡的里里外外都非常熟悉：他知晓舒适、温暖的城堡里的每一条岔路。但是，对于城堡之外的世界，他却一无所知。小海狸比伯吓坏了。他不想和他的父母以及兄弟一起出去游泳。他想留在城堡里。

小海狸比伯想："这里既安全又温暖。"海狸爸爸问小海狸比伯："你要出去吗？你的兄弟们已经到外面去了。"小海狸比伯恐惧地颤抖着说道："不！我不想和你们一起去！我想要留在这里！"海狸爸爸说："好的，也许明天你会想和我们一起去。晚上见！"

到了晚上，海狸的爸爸妈妈和兄弟回来了。爸爸妈妈带来了美味的细枝、嫩芽和水生植物，小海狸比伯觉得这些食物美味极了。晚餐时，小海狸比伯的兄弟们说道："那个湖是如此之大，实在是太伟大了！你明天必须和我们一起去！""好吧！"小海狸比伯回答道。

但是，到了第二天，小海狸比伯依然很害怕离开城堡。他浑身发抖。他还是不想去，于是他的父母和兄弟就自己离开了。小海狸比伯每天都非常害怕离开海狸城堡。日复一日，他的父母和兄弟都希望他和他们一起出去。但是，他就是不想出去。他好害怕。

思考游戏

- 这个故事之后会发生什么?
- 为什么小海狸比伯如此害怕?
- 在大湖里可能会发生什么?
- 对于小海狸比伯来说,害怕是好事还是坏事,为什么?
- 你对什么感到害怕过?
- 人为什么会害怕?
- 害怕是好还是坏?

捡到一个钱包

莉萨和她最好的朋友莉莉一起在城市里散步。莉萨从母亲那儿得到了用来买冰激凌的两欧元。她们要买两个冰激凌球,一个给莉萨,一个给莉莉。她们俩都期待着冰激凌,并正在考虑买哪种口味的。

莉萨和莉莉正走向冰激凌店。突然,她们看到地上有一个钱包。莉萨拿起钱包,问莉莉该怎么办。"我不知道,"莉莉说,"也许我们可以先看一下。""哦!那我们先看一下!"

莉萨喊道："这里有100欧元！我从来没有过这么多钱！我们可以买很多很多冰激凌了！"莉萨说："看，这里还有张照片。那是我们的邻居申瓦尔德太太。申瓦尔德太太对我和我的家人总是很友好。就在上周，她还给我们送了一个大蛋糕。她还总是帮我们的花浇水。她对每个人都很友好，每个人都很喜欢她。这是申瓦尔德太太的钱包。我们应该把钱包还给她吗？"

思考游戏

- 女孩们应该把装有100欧元的钱包还给申瓦尔德太太吗？为什么？

故事改编

再讲一遍这个故事。现在，钱包的主人不是申瓦尔德太太。相反，孩子们在钱包里发现了莉萨的邻居扎克史瑞克先生的照片。他对孩子们很不友好，不向任何人打招呼，并且经常找邻居们的麻烦。

> **思考游戏**
>
> - 女孩们应该把装有 100 欧元的钱包还给扎克史瑞克先生吗？为什么？
> - 不管钱包的主人是谁，女孩们是否都应该还回去？是还是不是？

小偷

很久以前，有两个男孩，他们叫简和托拜厄斯。两个人喜欢一起玩。简和托拜厄斯经历了许多冒险。他们对大人搞有趣的恶作剧，每天都有新的主意。

一天，简和托拜厄斯想做一些他们从未做过的事情。简说："虽然我们已经露营过很多次了，但是时间都只有一两天，这次我们去露营一个星期吧，找个附近没有任何人的地方！"托拜厄斯认为这个主意很棒。他们开始思考没人的地方在哪里。

"森林！"托拜厄斯喊道。

"好主意！"简说道。

简和托拜厄斯没有问过父母便走进了他们几乎不熟悉的森林。他们不知道的是,森林很大。他们一直走,直到夜幕降临。然后,他们扎营,吃着可口的蛋糕,有说有笑。第二天,他们继续前进。晚上再次搭起帐篷,玩得很开心。

然而,到了第三天,他们发现自己随身带的食物和饮品太少了。简只剩下一块饼干,托拜厄斯只剩下一小瓶苹果汽水。他们知道他们必须离开森林了。因此,他们试图从森林中寻找回去的路。糟糕的事情发生了:他们找不到回去的路了。他们迷路了。简和托拜厄斯绝望地寻找着回去的路。但是,放眼望去,他们看到的只有树、树、树。夜幕又慢慢地降临了,两人只能搭起帐篷。他们感到很害怕。

第四天,他们继续寻找走出森林的路。但是,他们还是什么也没发现。他们完全迷路了。简和托拜厄斯此时已经非常饿了,他们从未有过这样饿的感觉。而且他们还非常渴。谢天谢地,他们终于看到了一条清澈的小溪。水的口感棒极了。但是,他们依旧很饿。那天,他们还是没有找到走出森林的路。两个朋友饿极了,他们在帐篷里睡着了。

第五天,两个人都快爬不起来了,他们是如此虚弱。但是,他们必须继续寻找回去的路。他们的恐惧正在慢慢放大。他们找不到吃的东西。突然,简和托拜厄斯发现一条小路,这条路将他们引向了一个小村庄。村子中间有一间小面包店。刚出炉的面包闻起来真香！但是，简和托拜厄斯没有钱。他们告诉了面包师他们的故事，他们刚从森林里出来，想要吃面包，但是没有钱。面包师笑了，并不相信他们的话。他把他们从面包店赶了出去。简和托拜厄斯开始哭泣。村子里没有人相信这两个孩子，没有人愿意给他们买面包的钱，没有人想要帮助他们。

"不然，我们直接把面包拿走算了！"简说道。他跑到面包店，拿了尽可能多的面包放进背包里。他跑了。托拜厄斯也跟着跑了。他们一起跑回森林躲了起来。生气的面包师没能抓住他们。他们一起吃起了面包，味道可真好呀！

思考游戏

- 简和托拜厄斯偷面包的行为是对的还是不对的？
- 人们可以偷东西吗？可以还是不可以？为什么？
- 除了偷，简和托拜厄斯还能做些什么来获得面包？
- 在什么情况下人们可以偷东西？还是人们绝对不应该偷东西？
- 人们为什么会偷东西？

龙兄弟

这个故事很古老,以至几乎没有人记得它了。曾经有两个龙兄弟,他们总在一起玩,彼此相爱。一条龙是绿色的,另一条龙是红色的。两个龙兄弟的父母对他们照顾有加。他们都住在一座大山上。有一天,因为两个龙兄弟都长大了,他们不得不离开家。于是,他们互相告别。

现在,两个龙兄弟不得不找寻自己的山。绿龙找到了一座绿色的山,红龙找到了一座红色的山。两山相距甚远,于是两兄弟没再见过面。

从那时起,两条龙过着不同的生活。绿山上的绿龙很乐

于帮助人们。他保护山上的人免受邪恶的强盗袭击。孩子们可以骑在绿龙背上，他们一起玩得很开心。人们喜欢那条好的绿龙。

与绿龙不同，红山上的红龙吃掉了人们的牛和猪，摧毁了他们的村庄。人们非常害怕红山上的红龙。

思考游戏

- 为什么绿龙是善良的而红龙却是邪恶的？在他们身上发生了什么？
- 续编龙兄弟的故事。
- 什么是好的？什么是坏的？
- 为什么会有好人和坏人？
- 什么是好人？你认识好人吗？谁是好人？
- 什么是坏人？你认识坏人吗？谁是坏人？

秘密

从前，有两个特别要好的朋友。他们的名字叫安东和保罗。安东和保罗总是同甘共苦。他们一上幼儿园就认识了，在幼儿园的时候，他们每天都一起玩。

每次安东去上幼儿园，他都在幼儿园大门口等着，因为他想见保罗。保罗每次去上幼儿园也是这样，他会在幼儿园大门口等着安东，因为他也想见到他最好的朋友。安东和保罗亲密无间。幼儿园的所有孩子都知道他们互相有多喜欢对方。大家以及安东和保罗他们自己同样认为，两个人应该总是在一起。

这两个朋友并不知道他们的友谊是什么时候开始的。当他们两个都还很小的时候，保罗来到幼儿园，径直走向安东，问他是否可以和他一起玩。"当然！"安东回答道。他们马上就跑进沙坑里去玩了，所以他们成为了朋友。任何人都不能把保罗和安东分开。有时候，保罗问安东，他们现在是不是朋友。"是的，我们是的，我们是朋友！"安东说道。

有一天，保罗十分激动地走到安东身边。

"你怎么了，保罗？"安东感到很纳闷。

"你能保守秘密吗？"保罗说，"你不能告诉任何人！"

"好的。我不会告诉任何人的。"

"你保证？"

"是！我保证。我不会告诉任何人你的秘密，保罗！"安东允诺道。

保罗在安东的耳边窃窃私语。他说:"我喜欢帕特里齐亚(幼儿园的一个女孩)。她真是太完美了!"他们俩都笑了,然后继续玩。

现在,安东知道了保罗的秘密。保罗喜欢帕特里齐亚,这事其他人都不知道。一周后,保罗来到幼儿园,许多孩子唱道:"保罗喜欢帕特里齐亚!""保罗和帕特里齐亚!"

安东一定泄露了秘密!

"对不起。"安东说。

保罗很伤心。

思考游戏

- 安东为什么会泄露这个秘密？
- 安东和保罗还能继续做朋友吗？如果能，为什么？如果不能，为什么？
- 什么是朋友？什么是友谊？
- 和朋友在一起可以做什么？
- 泄露秘密的朋友还是朋友吗？为什么？
- 保罗喜欢上了帕特里齐亚。你有没有喜欢上过某个人？
- 什么是爱？人们为什么彼此相爱？
- 爱是好还是坏？为什么？

小白兔

从前，有一只小兔子。这只小兔子与其他所有兔子都不一样。所有的兔子都是棕色的，这只小兔子却不是，他是白色的。就像所有兔子一样，小兔子的家人都是棕色的。小兔子的父亲是棕色的，小兔子的母亲是棕色的，小兔子的许多兄弟姐妹也都是棕色的。当然，小兔子的爷爷和奶奶也是棕色的。小兔子的邻居是棕色的,放眼望去的兔子都是棕色的。除了小兔子,他是白色的。

实际上,这只小兔子和其他所有兔子一样,他能像其他兔子一样奔跑、跳跃,有着跟他们一样的听觉、嗅觉、视觉和感觉。只不过,他是白色的,没有人知道为什么。

其他兔子都不喜欢小白兔。他们不断地嘲笑他,给他起绰号,例如"厕纸""面粉袋"或"白面包"。这使得小白兔常常哭泣。他不知道其他人为什么对他那么恼火。他只是拥有了和其他兔子不同的颜色。更让他难过的是,他自己的兄弟姐妹也对他不好。所有的兄弟姐妹都是棕色的,但只有他不是。因此,他被视为不属于那里的兔子,大家都排挤他,觉得他愚蠢

而丑陋。

小白兔几乎总是独自玩耍。没有人想和他一起玩。小白兔好想哭。他经常哭。

实际上,他只希望一件事,那就是变成像其他兔子一样的棕色。一天,这只小白兔偷偷溜进了附近的一个村庄。他想在院子里和车库里找到某个东西——一个油漆罐。然后,他找到了一个颜色为棕色的油漆罐。他跳了进去,沐浴在油漆里。"现在我终于和其他兔子一样了!"小白兔说道。于是,他蹦蹦跳跳地回到了其他兔子身边。

思考游戏

- 其他兔子会如何问候小白兔?其他兔子会笑他把自己涂成了棕色吗?还是他们会接纳他呢?
- 为什么棕色的兔子对小白兔很恼火?
- 小白兔跳入油漆罐中,是对还是错?
- 当别人看起来不同或与我们不同时,为什么人们会伤害他?
- 如果你是这只小白兔,你会怎么做?

像小鸟一样自由

施密特一家正在共进晚餐。他们谈论这个,谈论那个,一切都如往常一样。

突然,施密特爸爸对儿子马克斯说,他为所有人准备了一个惊喜。爸爸掏出一份巨大的礼物。"来,马克斯,你来打开它。"马克斯非常兴奋。"那会是什么?"他问道。当他拿起礼物时,他觉得好像是一个笼子。"这笼子里有东西在移动!"马克斯想道。

他打开礼物。是一只金丝雀!马克斯高兴地吻了一下他的爸爸。

"这是我们新的家庭成员。"爸爸说道。

马克斯日复一日地给金丝雀喂食,和它一起度过了许多时光。

这天晚上,马克斯整夜都无法入睡,他去了挂着鸟笼的厨房。他喝了一杯牛奶,看着金丝雀。金丝雀也看着马克斯。"你想去外面吗?去笼子外面?你想要自由吗?"马克斯问那只金丝雀。金丝雀没有回答。马克斯突然站了起来,并且喊道:"我不想再把你关在笼子里了。你应该获得自由!"

马克斯打开了笼子和厨房的窗户。金丝雀立刻飞了出去。马克斯就这样看着金丝雀飞走了。

> **思考游戏**
>
> - 马克斯放走了那只金丝雀是对的还是错的？
> - 马克斯为什么放走了那只金丝雀？
> - 人们可以把动物关起来吗？如果可以，为什么？如果不可以，为什么？
> - 人们可以占有动物吗？可以还是不可以？为什么？
> - 人们可以把动物关在动物园吗？可以还是不可以？为什么？

会说话的树

从前，有一个小男孩。他的真实名字叫哈桑，但他的所有朋友只称他为"狼"。

哈桑最喜欢独自在城市漫步。他知道自己所在城市的每条街道、每座房子、每一个小灌木丛。哈桑还喜欢在城市外散步。他知道附近所有的土路、树林和隐藏的神秘地方。有时，他和他的朋友们在一起。但是，大多数时候，哈桑独自在城市和大自然中游走。哈桑话不多，总是很安静。这或许是他被称为"狼"的原因。

一天，哈桑决定走得特别远。他四处游荡、游荡，越走越远，越走越远。一开始，他沿着玉米田走。然后，他从容地穿过小湖。最终，哈桑走进了森林。

他还不知道这个森林，他对冒险充满着期待。哈桑向森林走去，直到看不到任何人。突然，哈桑发现了一棵大树。那棵树实在是太大了！哈桑从未见过如此大的树。树干高十几米，高耸入云端。哈桑想："树一定永远在这里。"他躺在地上，痴痴地望了树很久。

突然，一个声音不知从哪儿冒了出来："请你离开这里！"

"是谁？"哈桑结结巴巴地问道。

"我是树。请你离开这里。我害怕你！"

"害怕我？可是我很小，不会伤害你！"哈桑说道。

"是的，所有人都这么说！我怕所有人类。我见过人类是怎么砍树的。我是森林里最古老的树，你们砍伐了多少棵树，我都亲眼目睹了。"

"对不起，亲爱的树。"哈桑说道。

"我害怕你！人类总是砍伐树木。然后他们再种新的树。然后，他们又砍伐了这些树。"那棵老树说道。

"对不起，亲爱的树。"

"我害怕你，因为你是人类的一员！你怎么可能会和他们不一样呢？我想逃跑，但是一棵树无法逃跑。而且，我又能跑去哪里呢？这个世界上没有安全的地方。到处都是人类，你们到处砍伐树木。你们破坏树木，你们为什么要这么做？"

"我不知道。"哈桑回答道。然后，哈桑决定回家了，他向城市跑去。

思考游戏

- 为什么树害怕哈桑？
- 哈桑为什么跑走了？
- 人们可以砍伐树木吗？可以还是不可以？为什么？
- 人们需要木材做什么？
- 没有人类，世界会是什么样的？没有人类，世界会更好还是更糟？
- 世界上总会有人类吗？

一切只是一场梦?

杰茜躺在她的儿童床上。她无法入睡,她根本就不累。杰茜去找父母,说她无法入睡。妈妈说:"没事的,我给你煮一杯热牛奶。它会很快帮你入睡。"她们一起去了厨房,杰茜和妈妈聊了一会儿。她们彼此非常相爱。然后,杰茜有了一杯热牛奶。她端着杯子来到了床上。她心满意足地喝完牛奶,然后闭上了眼睛。妈妈给了她一个晚安之吻。

她仍然无法入睡。杰茜觉得:"房间里很热。"她打开窗户。蟋蟀们正在开音乐会。现在是夏天的中旬。外面还是很温暖的。

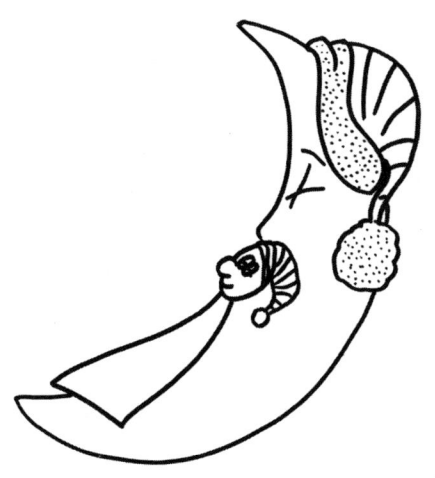

杰茜再次躺下，再次闭上眼睛。虫鸣声阵阵袭来。杰茜听着虫鸣声，仍然无法入睡。杰茜站了起来，走出她的房间。她的父母已经睡着了。通过门上的钥匙孔，她看到灯光不再亮了。杰茜偷偷溜下楼梯。杰茜想："我想出去听听虫鸣声。"她穿过厨房来到露台，又从露台走到房子旁的草地上，然后躺在铺着毯子的草地上。外面闻起来很香，蟋蟀们还在继续歌唱。杰茜可以看到星星。星星真是多呀！杰茜看着星星，很高兴她可以躺在那里。

突然，一颗流星在杰茜的眼前划过，在天空中稍纵即逝。"星空是如此之大！"杰茜想，"但我却很小。"天气很温暖，蟋蟀还在鸣叫。空气中弥漫着青草的气息。杰茜蜷缩在毯子上。蟋蟀们一直发出啾啾的声响。

杰茜突然惊醒了，发现妈妈站在她面前。但是，杰茜根本不在草地上。她回到床上了。

"我是怎么到这里来的？"杰茜问道，"我为什么在这里而不是在外面？"

"为什么在外面？你整夜都躺在床上，杰茜，你喝完牛奶后立马就睡着了。"妈妈说。

"毯子一定还在外面！"杰茜猛冲到窗户前面，但是并没有看到毯子。

"我刚才是在做梦吗？"杰茜问道。

> **思考游戏**
>
> - 你是否经历过像杰茜这样的事情？你认为梦是真实的吗？
> - 你最大的梦想是什么？
> - 人们为什么会做梦？
> - 人的一生也许都是在做梦？我们怎么知道我们是"清醒的"？
> - 我们人类会在晚上做梦，这是好还是坏？

钞票

从前，有个小男孩叫本。本已经上小学了，他在学校里有很多朋友。所有的孩子都喜欢本，因为他总是心情愉快，且对每个人都很友好。

但是，本因为没有零用钱而感到很糟糕。本认识的许多孩子都能得到零用钱。一些孩子每月能得到几欧元，本班上的一个孩子每周甚至能收到他父母塞给他的许多钞票。本不知道那个孩子得到了多少钱，但是一定是很多钱。本没有任何零用钱。他的父母说他们负担不起。

有一天，本从学校回家。他走在路上，做起了白日梦。突然，他在马路边上看到了一张像钞票的东西。起初，他以为只是发票之类的。当他捡起来仔细看才发现，那是一张真实的钞票。那是一张面值50欧元的钞票。本从来没有拿到过这么多钱！

本有些忘乎所以了！他想着用这些钱可以买什么。他在街上又蹦又跳地唱起歌来。他没有告诉父母他捡到了钱。他担心父母会拿走钞票。

第二天,当本来到学校时,他一直在想如何用这笔钱。"我可以先把钱存起来。"本想道,"但是,如果我可以用它来买点东西,那也很棒。""我也可以邀请我的朋友们去吃冰激凌。""或者我们可以去电影院"……对于如何用这笔钱,本依旧犹豫不决。

思考游戏

- 如果你捡到 50 欧元,你将如何使用这笔钱?
- 金钱重要还是不重要?为什么?
- 为什么金钱在大多数人的生活中如此重要?
- 你可以用钱买什么?你不能用钱买什么?
- 为什么世界上会有钱?
- 存在一个没有钱的世界吗?

新来的孩子

汤姆上幼儿园了。他喜欢幼儿园。在那里,他可以见到他的朋友,还有很多好玩的东西。有时候,汤姆希望有个兄弟姐妹。幼儿园有很多孩子,他们有的有哥哥或姐姐,有的有弟弟或妹妹。有时候,汤姆也很庆幸自己没有弟弟或妹妹。"也许,有个弟弟或妹妹也会挺烦人。"汤姆想。"但是,可以和兄弟姐妹一起玩也是很好的事情……"汤姆觉得。

有一天,汤姆被妈妈从幼儿园接走了。"走吧,我们去市区。今天,我们要去吃冰激凌。"妈妈说道。汤姆很高兴,他看到爸爸坐在冰激凌店里。汤姆很惊讶:"爸爸,你在这里做什么?"汤姆的父母微笑着对他说:"汤姆,有一个很大的惊喜要告诉你,很快我们家就要有四口人了,你将有一个弟弟或者妹妹了。"

思考游戏

- 汤姆对此会感到高兴吗?你是怎么认为的?
- 你有兄弟姐妹吗?你喜欢他吗?
- 有兄弟姐妹好吗,还是有时很烦人?为什么?
- 兄弟姐妹和朋友有什么区别?
- 兄弟和姐妹哪个更好?为什么?还是他们是一样的?

重要的日子

米娅和克里茜是最要好的朋友。她们彼此互相喜欢。她们在幼儿园里总是一起玩。

一天,一位老师告诉米娅和克里茜,很快就要举行舞蹈节了。那天会有许多父母来看孩子们的演出。米娅和克里茜也应该参加。

米娅和克里茜喜欢跳舞,她们期待着这美好的一天。她们与老师一起排练了很久,其他孩子也参与了排练。在这重要的日子里,所有的父母、孩子和老师齐聚一堂。米娅和克里茜跳得很好。她们玩得很愉快,欢笑不断。

"今天真是太棒了!"演出结束后,米娅说。

"哦耶!你的爸爸妈妈和我的爸爸妈妈一直在鼓掌!他们一定觉得我们跳得很棒!"克里茜回答道。

在这重要的日子里,幼儿园里来了许多人,有小孩,也有大人。有胖的,也有瘦的。有些人的头发是金色的,有些人的头发则是棕色的。有些人一直在笑,有些人则并不是那么高兴。找不到两个完全一样的人。

> **思考游戏**
>
> - 为什么每个人都不一样？
> - 人们有何不同？他们有什么共同点？
> - 孩子们有什么共同点？每个孩子有什么不同？
> - 人与众不同是好还是坏？为什么？
> - 米娅和克里茜喜欢跳舞。她们为什么喜欢跳舞？人们为什么喜欢跳舞？
> - 你喜欢跳舞吗？为什么？

夏日

这天实在是太热了，这是夏天的中旬，太阳光芒四射。施密特一家要去度假。

妈妈和爸爸已经在收拾行装了，儿子马克斯也在帮忙。每个人都期待着假期。

他们要去波罗的海，开车几个小时就到了。他们把行李放到酒店就直奔海滩了。

海滩上有很多人，他们躺在阳光下晒日光浴或在海里游泳。

马克斯非常期待海滩和波罗的海。他喜欢在海里游泳,玩得很开心。当他躺在阳光下时,他感叹道:"我太开心了!这里真是太舒服了!"

马克斯周围的人也玩得很开心。他们笑着,跳入海里,享受着夏天。

突然,乌云笼罩,人们闪电般地离开了海滩。下雨了,下雨了,已经下了两个星期的雨了。马克斯和他的父母认为下雨真是件糟糕的事情……

思考游戏

- 哪种天气让你感到最舒适？
- 你最喜欢哪个季节？为什么？
- 天气"好"的时候人们会更快乐吗？为什么？
- "坏"天气会使人们更不快乐吗？
- 什么是好天气？为什么？这是对谁来说的？什么是坏天气？

结　语

这本书是历经了与儿童的多次哲学对话才得以形成的。面对新的事物，孩子们对不同主题的回答、想法和思考一次又一次地震撼了我。每个与孩子打过交道并能以开放的心态探索世界的人都明白，儿童和青少年能赠予我们的是什么。

我在此诚挚地感谢埃尔菲·利勃舍（Elfie Liebscher）帮忙审阅稿件。感谢亚历山德拉·希伯林-霍夫迈斯特（Alexandra Heberling-Hofmeister）为这本书绘制了精美的插图。我还要感谢家人持之以恒的支持与鼓励！

我希望这本书能为你和信任你的孩子们带去精神上的收获。如果你愿意通过邮件（info@michael-siegmund.com）跟我分享你的经验，我会感到万分高兴！你可以写邮件向我介绍你的经历：你在哪里做哲学？你发现了什么？在你的孩子身上发生了什么？

收到你的邮件后，我将向你致以最诚挚的问候和祝福！